大是文化

The Sister

朝鮮一姊金與正

北韓領導人金正恩妹妹，
史上首握核彈按鈕女子的掌權之路，
王朝如何「[illegible]養」接班人。

美國威爾遜國際學者中心研究員
美國總統的北韓問題顧問
李晟允博士——著　王姿云——譯

目錄

各界讚譽 007
序 朝鮮一姊能否登基，仍有許多未知數／朱立熙 013
主要人物簡介 017
白頭山金氏王朝家族樹狀圖 020

第1章 **權力僅次於金正恩** 023
她是首位應邀訪問南韓的北韓王室成員。無論走到哪裡，都掀起一陣彷彿追星般、令人神魂顛倒的迷戀。

第2章 **統治的正當性，血統** 037
即便身在父權體制根深柢固的北韓，金與正的性別並不會成為她掌權的絆腳石，她的血統才是最重要的依據。

第3章 **金氏家族終極使命** 053
在這場將朝鮮半島統一在家族手裡的生存遊戲中，金與正承擔起了威脅、控管、操弄南韓的重責大任。

第4章 家族祕辛與內鬥 067
對金正恩來說，哥哥金正哲似乎安於活在鎂光燈之外的世界，精明可靠的金與正，則是完全不同等級的人物。

第5章 狂人父親金正日 081
或許金正日留給後世最深刻的遺緒，便是他培養了不只一位、而是兩位專橫跋扈的潛在領導者，而其中一位，還是名女性。

第6章 不能說的國家頭號機密 105
北韓民眾從小就被教育，除了被動接收官方的資訊外，主動的關心與好奇第一家庭的事，是種褻瀆的行為。

第7章 要我讓步？帶禮物來見 121
金正恩與金與正，特別善於使用肢體語言來滅別人銳氣、長自己威風。畢竟他們學習的對象可是這方面的泰斗：他們親愛的父親。

第8章 朝鮮勞動黨的繼承之戰 141
即便到了二〇一一年十二月，能認出這名女子是誰的，仍屈指可數。更沒人能預想到，她能在短短幾年內躍升成北韓第二把手。

第9章 金正恩的暴力文宣，妹妹寫的 149
南韓所有歷任總統，或多或少都受過北韓官方的語言凌辱。鮮少人能想像，這些犀利又惡毒的語言，竟出自一位年輕女性。

第10章 成為潛在接班人的首度試煉 157
金與正的肢體語言就像在說：我才是主角，所有人都應該對於我蒞臨開幕典禮感到感激涕零。

第11章 哥哥出辱招，她扮白臉 169
北韓獨裁者恩威並行、寬猛相濟的行為，通常能使南韓乖乖就範，外界稱其為「首爾症候群」。

第12章 **兄妹攜手：「讓我們把目標轉向美國吧！」** 183
南北韓熱線交流？金正恩或許會在心情不錯時給出自己的電話號碼，但與那些「有任期」的外國領袖通話，對他來說根本貶抑了自己的尊貴。

第13章 **新加坡峰會，一天就智取川普** 203
僅透過一次會面，金正恩便讓川普在冗長的會後記者會上，稱讚他是「才華洋溢的人」、「非常值得信賴、聰明的人」。誰的功勞？

第14章 **必要時，我也能登基** 229
金正恩的統治和權力是神聖、不容侵犯的，但他這份與生俱來的權力，也能轉嫁到妹妹身上，在必要時，她也能登基、成為女王。

第15章 以糧為武 247
隨著北韓各地餓莩與日俱增，金正日竟在人民的大規模死亡中看到商機——一個讓自己發大財的機會。

第16章 北韓抓特務，南韓主動要幫忙 261
北韓的第一妹妹，實現了她所有先人都未曾實現的目標：將北韓的國家審查制度，在整座朝鮮半島實行。

第17章 史上首握核彈按鈕女子的掌權之路 275
如果南朝鮮敢侵犯我們一寸領土，我們將被迫動用核子武器，帶來天崩地裂、慘絕人寰的悲慘結果。

致謝 301

各界讚譽

「作者以對金氏兄妹的超現實、棘手對談的生動描述，強調了本書的核心見解：金與正在很大程度上，已然是北韓政權核心的一部分。」——《衛報》（*The Guardian*）

「了解世上最殘暴、最封閉政權本質的必讀書。」——馬克斯・布特（Max Boot），《華盛頓郵報》（*The Washington Post*）專欄作家、外交關係委員會高級研究員

「作者比其他人更能看穿北韓政權的滑稽動作、假象和政治宣傳——其中大部分是金與正的傑作。」——詹姆斯・斯塔夫里迪斯博士（James Stavridis），退役美國海軍上將、前北約盟軍最高司令

「為了解當今北韓最不為人知的人物之一，提供了寶貴的資源。」——史蒂芬．E．比根（Stephen E. Biegun），美國前北韓事務特別代表、美國前副國務卿

「作者對金正恩政權，及其妹妹在宣傳個人崇拜方面所扮演的角色，做了尖銳的分析，具有重大的政策意義。」——蘇米．泰瑞博士（Sue Mi Terry），前中央情報局（Central Intelligence Agency，簡稱CIA）官員、伍德羅．威爾遜國際學者中心亞洲計畫主任

「講述北韓這個犯罪組織的內部運作，以及金與正在計畫中所扮演的險惡角色。」——弗雷德．瓦姆比爾（Fred Warmbier）與辛蒂．瓦姆比爾（Cindy Warmbier），奧托（Otto）的父母，及瓦姆比爾訴朝鮮民主主義人民共和國案的原告[1]

「本書是對金氏政權的欺騙、扭曲，以及金與正在這場生存遊戲中所扮演角色的最罕見、最具啟發性的分析。」——李正浩，脫北者、北韓國防委員會金剛山經濟發展小組（KKG）前主席

「這是試圖解讀北韓權力遊戲的政策制定者和各領域專家的必讀書目。」——布魯斯・克林納（Bruce Klingner），美國傳統基金會亞洲研究中心高級研究員

「李博士結合了他對朝鮮文化、歷史和政權動態的淵博知識，為朝鮮學者、學生和政策制定者撰寫了一本引人入勝的必讀作品。」——格雷格・斯卡拉托尤（Greg Scarlatoiu），北韓人權委員會（HRNK）執行主席

「讀起來就像一本驚悚小說，但內容卻是最好的教科書。即使你不沉迷於世上最危險、最不正常的家庭，你也會想讀《朝鮮一姊金與正》。」——章家敦《中國即將崩潰》（*The Coming Collapse of China*）、《核攤牌：朝鮮征服世界》（*Nuclear Showdown*）作者

1 編按：請參見第一四〇頁事件。

「作者運用天生的文字熟練度、歷史深度和非凡的洞察力，揭示了金與正所代表的危險和恐怖。」——約書亞・斯坦頓（Joshua Stanton），美國對北韓制裁法案主要起草人

「以外科手術般的精準手法，揭開金氏政權七十年來的神祕面紗，並向讀者展示其怪誕的本質、禁忌的祕密和對未來的意圖。」——朴智賢，脫北者、《艱難的出路：逃離北韓的女子》（*The Hard Road Out*）作者

「作者展現了他對北韓極端、殘酷、自戀的金氏王朝政權——擁核國家的創造者及統治者——的深刻認識和理解，並深入解釋了金與正的崛起。」——約翰・思嘉爵士（Sir John Scarlett），前英國祕密情報局軍情六處局長

「無論你同不同意李教授的觀點。本書對北韓掌權者強而有力的分析，毫無疑問是尖銳、激烈，且資訊翔實的。」——亞歷克西斯・杜登（Alexis Dudden），康乃狄克大學歷史學教授，《開合與日本》（*The Opening and Closing of Japan, 1850-2020*）作者

「作者深入探討金與正對北韓政權的影響、揭示了她在決定北韓對美國和南韓政策上發揮的關鍵作用。隨著緊張局勢的升溫，和外交挑戰的展開，金與正已被證明是一股不可忽視的力量。」——布萊利・霍普（Bradley Hope），《狙擊金氏王朝》（*The Rebel and the Kingdom*）、《鯨吞億萬》（*Billion Dollar Whale*）作者

序
朝鮮一姊能否登基，仍有許多未知數

臺灣唯一在兩所國立大學開設「北韓研究」課程十多年的知韓學者／朱立熙

打開南北韓之間銅牆鐵壁大門的，是她；再把這扇大門封閉，使事態回到兩韓冷戰原點的，也是她。金與正這位「朝鮮一姊」，在兩年四個月間（二〇一八年二月至二〇二〇年六月）把南韓跟周邊強權玩得團團轉，在炸毀開城的兩韓聯絡事務所後，她頭也不回的揚長而去，只留下錯愕的南韓官員因為情報掌握不實，最終丟了烏紗帽。

金與正有如臺灣的蔣緯國，只有他們能名正言順的唱著「哥哥爸爸真偉大」。蔣緯國終究沒有成為接班人，而金與正，有可能會是金正恩的繼承人嗎？儘管外界臆測四起，但現在確實言之過早，如果金正恩在短期內駕崩，她確實有可能繼位掌權，或當上「攝政女王」輔佐幼君——不過長期而言，筆者認為可能性不大，理由有二。

其一，金正恩的女兒金主愛這兩年來經常被父親帶出場，四處跟班巡視，提早讓北韓人民認識她、接納她的意圖相當明顯。在「後有追兵」的情況下，十年後二十幾歲的金主愛也已接受足夠的學習與訓練，絕不會甘於讓姑姑奪走大位。從金與正出現在媒體上的表情不是傲慢，就是鬱鬱寡歡，似乎可以看出一些端倪。

其次，雖然不應該以貌取人，但是金與正確實欠缺白頭山家族至今三代領導人「膨皮」（肥胖）的特徵。她的臉頰消瘦，讓人望之不似人君，這也成為她先天的弱勢。她跟金主愛兩人，私下必將為了爭寵而不斷較勁。

儘管如此，也不能低估她這幾年代兄發號施令所建立的權威與人脈。

二〇一八年，她以北韓特使身分參加平昌冬奧，遞給文在寅和平的橄欖枝，讓全南韓都為她瘋狂。就連她留下的親筆簽名，都讓南韓媒體大作文章。報社甚至還找來測字大師，為她在青瓦臺芳名錄留下的筆跡測字。並得出她的字體「充滿活力、自由奔放、即興、衝動、思緒敏捷、喜歡變化與交朋友、熱情又自信滿滿，另一面則是善變，沒有一貫性」，幾乎用盡了所有的溢美之詞。

金與正跟金正恩，曾同時於瑞士留學，兄妹兩人的感情深厚眾所皆知。現階段，金正恩也非常倚賴妹妹的幫助，特別是在對外關係的議題。不過，到了政治權力交棒時，「兄妹情」跟「父女情」將如何選擇與切割，恐怕未必是金正恩一人能主宰的。我個人還比較擔心，金與正會不會成為第二個被逐出權力核心的「皇姑」金敬姬（金正恩、金與正的姑母）。屆時，一切都不免要經過一番腥風血雨的鬥爭，我們才會知道鹿死誰手了。

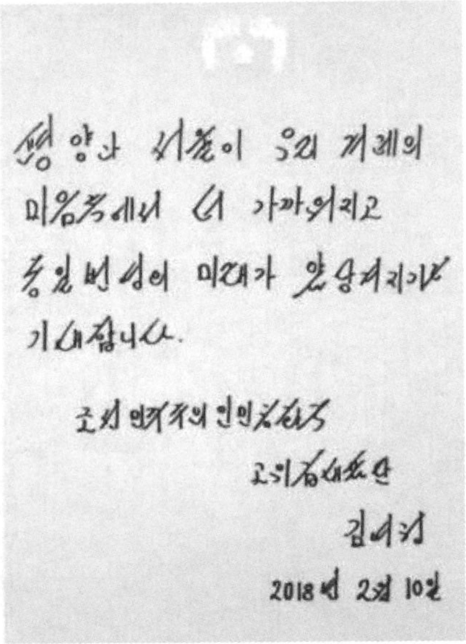

▲金與正在青瓦臺芳名錄留下的字跡，被測字大師評為充滿活力、自由奔放，以下為本段文字翻譯：「平壤與首爾，我們民族的心已更為接近，期待統一繁榮的未來提早到來。朝鮮民主主義人民共和國／高位級代表團／金與正／2018年2月10日」。（截圖自《首爾新聞》）

主要人物簡介

朝鮮民主主義人民共和國（簡稱北韓、朝鮮）

白頭山血脈：

金日成：北韓國父和白頭山血脈創始人，金正恩的祖父，亡於一九九四年。

金正日：金日成之子，一九九四年起執掌最高領導人直到二〇一一年，金正恩和金與正的父親。

金正恩：金正日之子，二〇一一年起執掌最高領導人至今，金與正的哥哥。

金與正：金正日之女，金正恩的妹妹。

金正哲：金正日之子，金正恩和金與正的哥哥。

金主愛：金正恩之女，生於二〇一三年。

其他金氏家族成員：

洪一天：金正日第一任妻子，與金正日在一九六六年結婚，金惠敬出生後與丈夫漸行漸遠。

金惠敬：金正日的長女，母親是洪一天。

金英淑：金正日的第二任妻子，金雪松和金春松的母親。

金雪松：金正日和金英淑的長女，金正恩和金與正同父異母的姊姊。

金春松：金正日和金英淑的小女兒，是金正恩和金與正同父異母的姊姊。

成蕙琳：金正日的情婦，金正男的母親。

金正男：金正日的長子，母親是成蕙琳，曾經一度被認為是父親的繼承人，遭同父異母弟弟金正恩於二〇一七年下令暗殺身亡。

高英姬：金正日法律上的妻子，金正恩、金與正和金正哲的母親。

金敬姬：金正日的妹妹。

張成澤：金敬姬的丈夫，長期為金正日的二把手，二〇一三年底遭處決身亡。

李雪主：金正恩的妻子。

大韓民國（簡稱南韓、韓國）

總統：

金大中（一九九八年～二〇〇三年在位）。

盧武鉉（二〇〇三年～二〇〇八年在位）。

李明博（二〇〇八年～二〇一三年在位）。

朴槿惠（二〇一三年～二〇一七年在位）。

文在寅（二〇一七年～二〇二二年在位）。

尹錫悅（二〇二二年在位至今）。

其他南韓官員：

趙明均：二〇一七年～二〇一九年擔任韓國統一部長[1]。

丁世均：文在寅執政時期的南韓國務總理。

---

1 編按：韓國統一部，為韓國中央行政政府中，專責朝鮮半島南北關係的部門。

白頭山金氏王朝家族樹狀圖

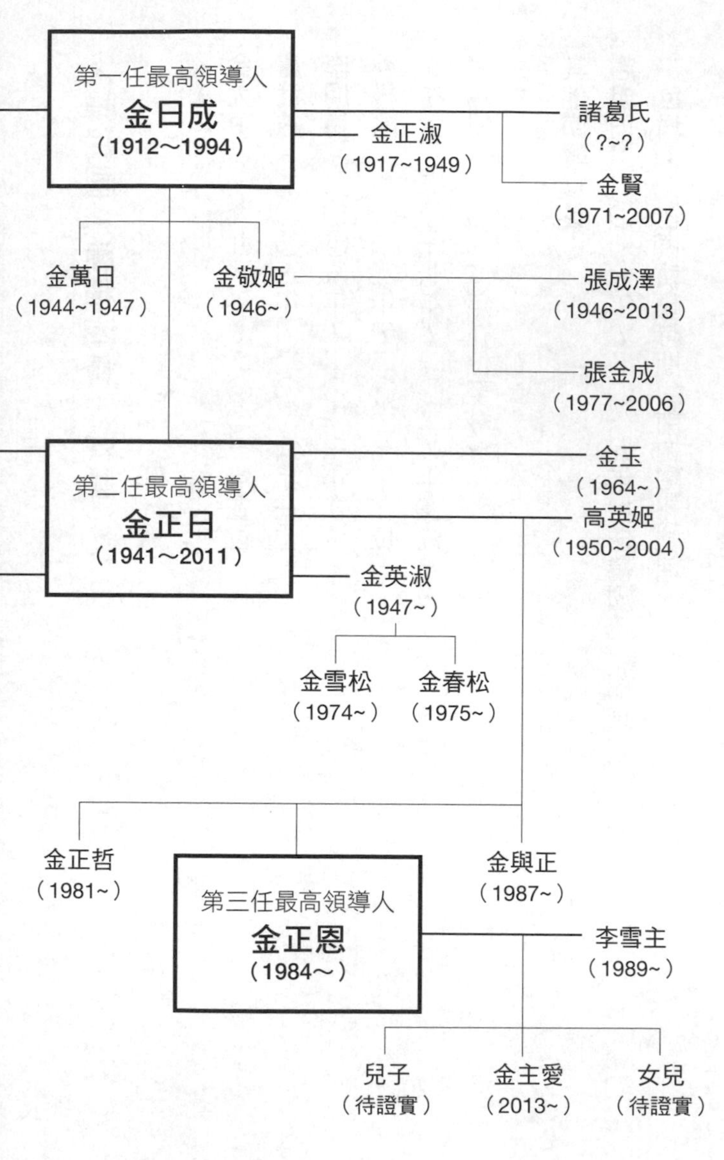

白頭山金氏王朝家族樹狀圖

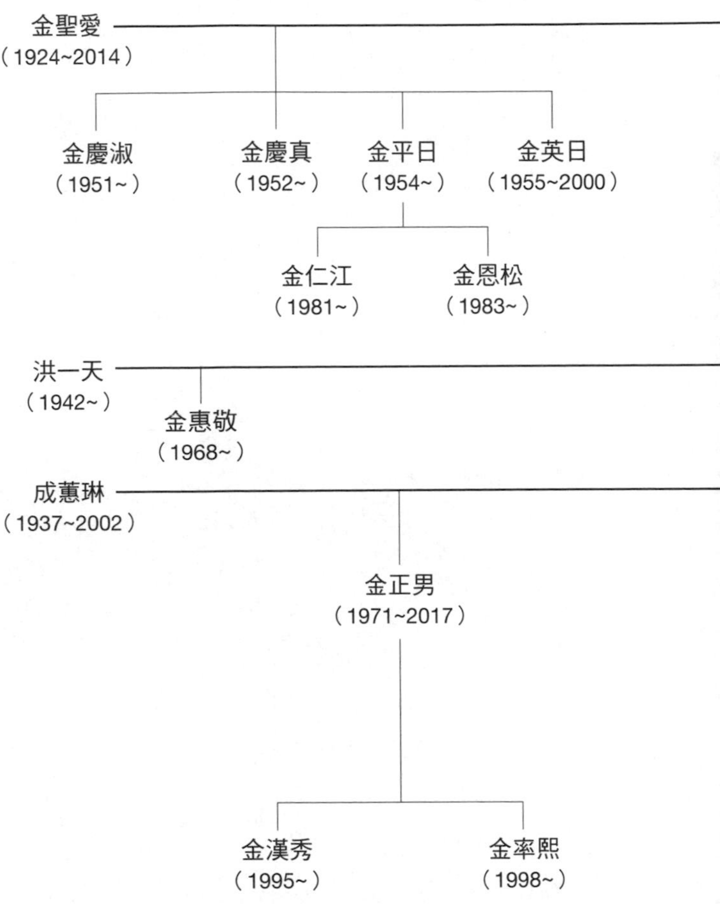

第 1 章

權力僅次於金正恩

她是首位應邀訪問南韓的北韓王室成員。無論走到哪裡，都掀起一陣彷彿追星般、令人神魂顛倒的迷戀。

在二月白霧籠罩的天空下，一架飛機降落在南韓仁川國際機場。機艙內坐著二十三名乘客——包括五名官員、三名記者，剩下的則都是保鏢人員。然而，其中一人的重要性遠超其他所有人。

二〇一八年二月九日，韓國標準時間下午一點四十六分，北韓領導人的專屬座機——蘇聯時代的「伊留申伊爾-六二」（Ilyushin IL-62）噴射客機「蒼鷹一號[1]」順利降落。

這是「白頭山家族」成員——北韓金氏王朝始祖金日成及其後代子孫——首次踏上南韓國土，距離上次北韓人這麼做，還得回溯至一九五〇年七月北韓國父本人的足跡：當時，北韓已南下入侵南韓逾一個月。然而，這次前來的成員並不是當前北韓領導人金正恩，而且並非一般認知的「入侵」，而是多數南韓人都樂見其成的侵略。

名媛初登場，北韓的第一妹妹

飛機從降落到抵達閘口，需要九分鐘的滑行。想在螢幕上一睹重要貴賓風采的電視觀眾，隨後只欣賞了三十五分鐘的飛機外貌，除此之外什麼都沒看到——飛機尾翼有一顆代表北韓國徽的大紅星，機身上印有「朝鮮民主主義人民共和國」的韓文字樣。

就在空橋緩緩移向飛機之際，正在實況轉播的南韓電視臺新聞主播失望的倒吸了一口氣。觀眾終究沒有眼福，能目睹這位貴賓走下飛機、氣宇軒昂的樣貌。根據另一家電視臺，這位貴賓在實況轉播開始後四十分鐘，才第一次出現在螢幕上。北韓代表團的名義領袖金永南從機場大廳走出，坐上其中一輛黑色轎車。接著，在魁梧的北韓男性保鏢和南韓女性保鏢的陪同下，一名身形纖瘦的年輕女子步向第二輛車。她的目光平靜、姿態硬挺，彷彿對於成為這樣歷史性時刻的焦點感到自在。

電視評論員感嘆，這一切都發生太快了，更別說那驚鴻一瞥中，貴賓的部分容貌還被某個建築結構擋住。然而即便在短短的幾秒鐘內，有一件事是確定的。有專家指出，這位貴賓向來以化淡妝聞名，她這次卻一反往常習慣，以濃妝豔抹的姿態出現，這到底意味著什麼？確定是她本人嗎？儘管如此，評論家思忖著，這仍然值

1 編按：該飛機以北韓的國鳥命名。

得期待，因為她濃厚的眼影肯定代表好事將近——也就是她相當看重的、自己推動朝鮮半島統一的使命。

幾分鐘後，車隊開始移動，另一名北韓保鏢出現在年輕女子車輛的另一側，並以小跑步的方式與原本的保鏢一起跟在車輛旁，接著他們跳上尾隨在後的黑色休旅車。目的地是機場內的韓國高速鐵路（簡稱為KTX）車站，代表團將從那裡乘坐韓國最先進的高速列車東行至江原道的江陵市。這輛列車，將成為這群貴賓體驗兩韓之間巨大、痛苦差異的起點。

電視臺不停重複播放那短短幾秒鐘，那位女性貴賓走向轎車的珍貴片段。有評論員認出了稍後走出機場的北韓官員。「等等！」一名新聞播報員驚呼道：「我們有她稍早在貴賓室的影片！」

新公布的影片沒有讓觀眾失望，之後也不停在電視上播放。觀眾終於能一飽眼福，看著這位女貴賓以「名媛初登場」的姿態，走入機場航站的貴賓接待室。金永南先行進入，並由東道主——時任南韓統一部長趙明均陪同。走了幾步後，金永南停下腳步回頭觀望，彷彿擔心自己走在重要人物前面的舉措是否得當。

他的動作讓所有人都轉過頭，而這位吸引全國目光的女主角就在此刻，帶著一抹微笑走了進來。攝影機轉個不停。她保持抬頭挺胸的完美儀態，目光穩定集中在貴賓室內的兩、三個地方，以避免給人留下興奮或焦慮的印象。

這位是金與正，北韓最高領導人金正恩的妹妹。她的哥哥正以絕對君主的姿態統治著北韓，但她並不像金正恩的哥哥金正哲那樣，是毫無實權的皇親國戚。自二〇一四年以來，她便任職於勢力龐大的朝鮮勞動黨中央委員會宣傳煽動部，充滿野心和抱負。

身為北韓的第二代領導人金正日的么女，她從小集家人寵愛於一身。她的父母稱她為「我親愛的小與正公主」或簡稱「與正公主」。她的父親很早意識到她的才華和政治敏感度，世界也將親眼見證這位奇女子的魅力。

在北韓主要代表離開飛機的同時，電視評論員注意到這歷史性的一刻，並向觀眾介紹了金與正接下來五十六小時的行程，儘管其中還有許多事項尚待確定。然而，有件事是肯定的。金與正訪問中最重要的事件，莫過於隔天與南韓總統文在寅在青瓦臺會面一事，接著會共進午宴。

也許她帶來了哥哥的私人信件？或者，金正恩建議雙方領導人見個面？若此猜測屬實，這將是十多年來首度南北韓領袖會談，這會給朝鮮半島的和平前景帶來怎樣令人興奮的發展？（**隔天，金與正確實遞交了一封信給文在寅**。）

當晚，北韓代表團將參加在東海岸平昌舉行的冬季奧運會開幕式，從仁川乘坐高鐵至該地，約須兩個半小時。金與正一行人，降落在仁川這個半島西岸的城市，而在一九五〇年，正是這個城市的軍事行動扭轉了韓戰情勢，進而使局勢逐漸不利於北韓——這樣的歷史性諷刺，對代表團來說可不容忽視。

當晚，北韓代表團首次與文在寅總統見面——雖然只是一起合照而已。九十歲的代表團名義領袖金永南，將參加開幕前的招待會和晚宴，並與其他世界領袖簡單交流。金與正則於稍晚出現在開幕式，並坐在看臺的貴賓包廂，甚至可能會坐在相當靠近文在寅總統的位置。

南韓有許多要招待的貴賓：時任美國副總統麥克·彭斯（Mike Pence）、德國總統法蘭克-華特·史坦麥爾（Frank-Walter Steinmeier，歐洲以外的人對這號人物較為陌生）、時任日本總理大臣安倍晉三（許多南韓人將他視為眼中釘）、國際奧林匹克委員會主席湯瑪斯·巴赫（Thomas Bach，他對北韓代表的參與感到高興）以及其他重要性較低的人員。

典禮期間，南北韓運動員攜手進場，佩戴單一的藍色朝鮮半島旗幟——呼應著金與正和文在寅總統歷史性的兩韓握手。也許金與正會坐在金永南旁邊、距離文在寅僅幾個座位遠的地方？或者，她有沒有可能坐在美國副總統附近？也許她就座時，將走過彭斯身前，或者彭斯會從她面前經過，屆時雙方會握手嗎？這些都將是非常特殊的歷史性時刻。

而在機場貴賓室，南韓東道主示意金永南坐在對面中間的座位，正好面對接待團領隊——趙明均部長。但這位經驗老道的九旬老翁知道該怎麼做，並示意三十歲的北韓公主坐在最前面的座位。她以慷慨的微笑向前輩示意，並用左手指向中間的座位以示尊重。金永南輕聲抗議表示不從，她張開手掌，露出一個安撫的微笑。

南韓的評論家不停吹捧她是多麼慷慨大方，以至於沒有注意到，**金與正伸出的手指，與其說是尊重，更像是老板在命令部屬坐下**。如果她的手勢真的是在對年長者表達敬意，金與正應該將雙手稍微合攏示意才對。

集美麗與禮儀於一身的蠻橫公主

除非場合需要，否則金與正從小培養出的桀驁不馴、權力在握，和自信等特質，根本與謙卑相差甚遠。這一刻，她散發的是自大而非尊重。但三個月後（二〇一八年三月底），她在與哥哥一同訪問中國時，金與正卻欣然向中國國家主席習近平九十度鞠躬；而在二〇一九年六月，習近平訪問平壤時，她也再次這麼做——對方是中國國家元首，需要以禮待之。

另一方面，南韓人被北韓視為下屬。白頭山王朝才是真正的朝鮮半島領導人，而南方政權只是美國的傀儡。畢竟，該王朝以一座傳奇山脈命名，這座山脈，便是當時革命軍營的所在地。根據北韓官方說法，一九四五年時，金日成在建立北朝鮮國家之前，在白頭山消滅了萬惡的日本殖民者。金永南儘管受人敬重，卻永遠都只是金日成孫女的下屬。

但在此刻，儘管許多南韓人都在學校學過上述北韓的作法與心態，卻都選擇性遺忘一般。評論員讚嘆著：「她集美麗和禮數於一身！」在這個罕見而令人興奮的時刻，他們都忽略了金與正「不矯揉造作的形象」，是極度驕奢的生活和經過精研的皇家禮儀產物。就像她的哥哥一樣，**她知道在公共場合，該如何以適當的蠻橫表現自己**。

金永南坐在金與正左邊，而金永南的左邊是李善權，一名喜歡爆粗口的北韓陸軍上校，後來成為祖國和平統一委員會主席——北韓官方與南韓談判的關鍵機構——而他在二〇二〇年一月，更被任命為該國外務相（外交部長）。

金與正的右邊，坐的是她在宣傳煽動部的前下屬崔輝，後者時任北韓國家體育指導委員會委員長。就像金與正一樣，崔輝自二〇一七年一月起受到美國財政部制裁，以回應北韓政權的「嚴重侵犯人權和審查活動」。但這些問題，在造訪前後和期間都未被提及。

這次眾人坐著的場景略顯尷尬，因為北韓代表穿著西裝的同時，仍在外面罩著冬季大衣。南韓官員可能曾提議幫他們拿走大衣，但這些北方貴賓——他們寧可把大衣留給自己的工作人員——也禮貌性的拒絕了。這並不是因為他們在機場內仍然感到寒冷，而是為了表示：**他們其實大可離開。留下來與南韓官員合照，都是自己釋出善意的行為**。

曾負責北韓代表團與南韓談判的金正恩書記室室長金昌善，此次的首要任務則是服侍公主。作為皇室家族信賴的僕人，他已經服侍第一家庭十幾年了，此刻的他正站在門邊。

崔輝與大家閒聊了一下，提到天氣突然變得暖和，他笑著說：「（我們這群）來自北方的客人，給南方帶來了溫暖的天氣。」根據韓國的冬季氣溫標準，當時的溫度，確實是略為溫暖的華氏四十五度（攝氏七度）。金與正保持沉默、挺直背部、臉上面無表情。而在桌子另一頭，南韓東道主們保持著燦爛笑容。

金與正穿著黑色大衣，寬大的領子和手腕處點綴著皮草，露出的頸部裝飾著一顆大圓扣。她沒有佩戴項鍊或耳環，耳朵也沒有耳洞，一只黑色手提包掛在她的左肩上。淡淡的桃色眼影清晰可見，眼線也是如此，還有淡粉色的緊身褲和黑色毛皮靴子。後來，人們發現她還戴了一只銀色手錶，沒有手鐲。記者紛紛稱讚她樸素的時尚品味。

根據《華盛頓郵報》的說法，民眾「對於金與正若有似無的淡妝，和未配戴任何飾品感到驚奇。他們評論了她樸素的黑色服裝，和簡單的手提包，也注意到了她頭上的花形髮夾，她將頭髮以幹練俐落的方式固定住」。

南韓電視臺反覆播放的另一張金與正特寫照，攝於仁川機場的手扶梯上。金永南是北韓代表團第一個下樓的，他始終保持著微笑，兩名保鏢緊跟在後。金與正出現時，身旁圍繞著三名北韓保鏢和一名南韓保鏢，她的下巴上揚，展現著模特兒的風采，目光銳利而堅定。她的身後則是金聖惠，祖國和平統一委員會少數的資深女性官員，她曾多次參與南北韓談判，在二〇一八年六月一日，也擔任訪問時任美國總統唐納·川普（Donald John Trump）的北韓代表團成員之一——在訪問完十一天後，川普與金正恩便在新加坡召開第一次峰會。金昌善跟在金聖惠後面，然後是名義上更資深的官員崔輝和李善權。

這個配置，不僅彰顯了金與正在北韓代表團中的地位，也反映了北韓政治文化的特點，**即官銜和頭銜往往無法真正展現階級和權力的運作**，內閣成員和四星上將的生命，往往取決於握有實權，但官階更低的人員。

當然，金與正的位置是獨一無二的，即使她在兩百五十人的朝鮮勞動黨中央委員會中排名吊車尾，她也可以一時心血來潮，下令處決其中的任何人，除了她哥哥。同樣的，金昌善和金與正的私人祕書金聖惠，也遠比代表團中地位更高的官員（如崔熙和李善權）更具影響力。

首次應邀訪問南韓的北韓王室

在接下來的兩天裡，這位來自平壤的神祕公主沒做什麼了不起的大事，卻不斷讓南韓為她瘋狂。她只是四處走動、坐下、用餐、偶爾交談、不時微笑、握手、刻意漠視奧運看臺上的彭斯，以及睥睨她所遇到的南韓人，包括文在寅總統。她並未發表任何一次公開聲明或接受採訪。

然而，她卻成為南韓舉國，乃至朝鮮半島以外世界的熱門話題。金與正的新聞報導從她訪問行程開始便鋪天蓋地而來，直到二月十一日深夜，她乘坐哥哥的飛機離開為止。

正如媒體不斷提醒民眾，她是**首次應邀訪問南韓的北韓王室成員**。整個世界，包括文在寅總統和他的官員，都瞪大眼睛觀察她。無論金與正走到哪裡，都掀起一陣彷彿追星般，令人神魂顛倒的迷戀，她的女性特質和南韓對北韓交流的渴望，更助長了這股情緒。

在南韓現身，讓金與正成了一名國際巨星。從東京到華盛頓的王室觀察員，都對她的時尚品味、皇室舉止、謙遜、傲慢、自信、溫順，和蒙娜麗莎式[2]的微笑品頭論足了一番。

她本人對南韓民眾，乃至全世界，沒有給出明確的訊息。但她確實帶來了一封來自自己兄長的親筆信，信中邀請文在寅總統訪問平壤，這也使得她的訪問更加撩人。金氏兄妹是否打算利用地緣政治中的軟柿子，即南韓總統，以將自身推向更困難的目標——美國總統川普，是個複雜到不須細究的問題。

最重要的是，這位白頭山公主來到了南韓！她親自蒞臨南韓，身旁還有如影隨形的皇家護衛，只意味著兩韓關係即將迎來劃時代的轉折，她預示著和解與和平——也許，甚至是最終的統一。

然而，轟動的視覺排場，最終壓過了冷酷的現實——多數南韓人，不願以小小的財政支出，換取朝鮮半島統一的長期經濟代價。而金與正和哥哥夢想中的統一大業，則只能照他們的條件來：**政權須由金氏王朝主導**，這樣的作法，基本上與習慣了自由和富裕生活的南韓人背道而馳。但在舉國歡騰的時刻，提出如此煞風景的觀點似乎就有點太掃興了。

除了部分專家之外，沒什麼人對在北韓政府高層任職六十年、過去二十年來一直擔任該國最高人民議會議長的金永南感興趣。多數南韓觀眾知道的是，這支團隊中真正握有權力的，是北韓的第一妹妹。金正恩派出胞妹蒞臨奧運，這點只意味著——她是和平使者。

此外，民眾用猜的也知道，在北韓，**最高領袖的命令遠比任何書面法條或政府部會具有更大的權威。金正恩即國家，他的話就是不可侵犯的法律**。但民眾並未意識到的是，金與正可不僅僅是自己哥哥黨內會議和實地考察中的一張漂亮臉蛋。她的哥哥是國家的顏面，但她是國家主要的審查者和執法者。她出席奧運盛會的目的並非觀光或作為信使，這位妹妹還有任務在身。

本書將記錄金與正自訪問南韓以來的崛起之路。自二〇一八年以來，她在北韓政府中的角色急劇攀升，但這件事早在二〇〇九年時就有過端倪。我們將見證她如

2 編按：〈Monna Lisa〉，為文藝復興畫家李奧納多．達文西（Leonardo da Vinci）所繪的肖像畫，描繪了一位表情內斂、微帶笑容的女士。

何善用從父親金正日那裡習得的經驗，在政治舞臺上發揮重要作用，並擴大她的家族權力。**在撰寫本書時[3]，她的權力僅次於她的哥哥金正恩，而「白頭山血脈」的命運，可能至今仍掌握在她手裡。**

3 編按：本書英文原版於二〇二三年六月出版。

第 2 章

統治的正當性，血統

即便身在父權體制根深柢固的北韓，金與正的性別並不會成為她掌權的絆腳石，她的血統才是最重要的依據。

自一九四八年創立以來，朝鮮民主主義人民共和國從未實施過民主或共和制度。儘管打著民主主義的旗幟，北韓其實是個世襲專政的國家。雖然北韓憲法保障人民所有基本權利，政府卻在一九五〇年代中期以降，用盡手段驅逐、處死任何異議分子。

即使世襲制度有違共產主義精神，北韓卻歷經了兩次父子政權交棒——一九九四年金日成逝世後傳位給金正日；二〇一一年金正恩又從金正日手中接下大權。**所謂的「白頭山血統」，就是金氏家族賦予自身統治正當性的論述基礎。**

白頭山血統的始祖，是北韓國父金日成。一九三〇年代初期，據說金日成組織了一支無足輕重的反日游擊隊，在白頭山山腳的軍營外出沒，對抗日本殖民壓迫。支持者遂將金日成的抗日行動誇大、渲染，並將他形塑為舉世無雙、忠貞愛國的戰爭英雄。

這樣的虛構論述，為金氏家族的長期統治權奠定了穩固的意識形態基礎。如同中世紀君權神授的概念，金氏家族的統治也是上蒼恩賜的結果。在沒有信仰或宗教自由的北韓，金日成就是人民心中的神。生前的他完美無瑕、永不犯錯，即便死後，他的遺緒也不容挑戰，或是將其歸功於直系子孫以外的人。

金正日，其實出生於俄羅斯遠東區軍營

白頭山是真實存在的地名，這座複式火山以美不勝收的湖泊「天池」聞名，坐落於北韓兩江道和中國吉林省的交界處。由於白頭山頂終年被白雪覆蓋，在中國又名長白山。在過往歷史中，中韓此地超過一千三百公里的交界處從沒有樹立過國界碑。後隨著一九〇九年九月，大韓帝國淪為日本保護國、失去主權，日本與中國簽訂了《圖們江中韓界務條款》（日韓稱之為《間島協約》），天池與鄰近的群峰就此納入中國版圖。

一九六〇年代初期，中國面臨內憂外患，歷經大躍進運動的中國，爆發了餓殍遍野的大饑荒，對外又與蘇聯、印度交惡，北韓便抓住機會與中國重啟談判。一九六二年十月十二日，兩個共產國家達成了新的國界共識，該次的新協議對北韓較為有利。雙方將白頭山一分為二，但北韓占有較多的天池（其中五四．五％歸屬北韓，中國占四五．五％），中國也讓出了約五百平方公里的土地。這是北韓外交的一次重大勝利，也加深了白頭山的神話色彩。

在朝鮮的起源神話中，檀君是朝鮮民族的開國始祖，降生於西元前二三三三年的白頭山上。而根據北韓神話，第二代領導人金正日於一九四二年二月出世，同樣

誕生於天池附近山腳下的小木屋，當時他的父親金日成正積極投入抗日行動。

一九八八年，金正日將其中一座山巒「白頭峰」更名為「將軍峰」，並將鮮紅色的字體刻在山上。冬季時白雪皚皚的山群，和白雪覆蓋的破火山口，讓白頭山瀰漫著神祕、高貴的氣息，北韓人口中如刀鋒刺骨的冷風終年吹拂山頂，彰顯了金日成領導下革命分子不屈不撓的偉大清操——然而，二月是相當低溫的月分，白頭山的氣溫經常降至攝氏負二十九度，甚至負五十度，金正日的母親選擇在如此惡劣的環境中產下長子，令人難以置信。

想當然耳，這故事純屬傳說軼事，**金正日並非出生於白頭山，而是蘇聯遠在俄羅斯遠東區的一處軍營**，出生年分也非傳說中的一九四二年，而是一九四一年二月十六日。在幼年時，他的名字不是金正日，而是俄文名字：尤里・伊爾謝諾維奇・金（Yuri Irsenovich Kim），父親金日成當時是蘇聯第二十五軍團的一員。

從南北韓國歌的歌詞都提及白頭山，便可知道此山在人民心中至高無上的地位。作為朝鮮半島歷史上最負盛名及象徵意義的聖山，兩國人民都將白頭山視為民族發祥地——它孕育了此地獨一無二的民族性，造就了其斐然的歷史積累和文化，有別於那偶來進犯的泱泱大國，及其中華文明。

基於這些理由，北韓領導人不斷利用白頭山背後所承載的神話意象。就連北韓的國徽上，都能看見白頭山的圖像矗立在紅色五角星下。白頭山因此也被稱作「革命聖地」，儘管金日成在聖山的「抗日壯舉」不如官方宣稱那般的可歌可泣、驚心動魄，但是他的事蹟確實為金氏政權的正當性提供了直接、重要的基礎來源，也加深、鞏固了金日成偉大戰爭英雄的地位，傳奇程度可說前無古人、後無來者。任何王朝分支的家族成員，在象徵意義上「受封」為白頭山之子也只是遲早的事罷了。

銀星與白馬，金氏王朝的權力標誌

而現任領導人金正恩，騎著一匹頭上綴著銀星裝飾的白馬形象，最早出現於二〇一四年。該照片中的金正恩正值幼年、尚不滿十歲，騎著白馬跟在父親身旁。照片可能於一九九四年，金正日繼父親逝世，上任成為最高領導人不久後所攝。

後於二〇一二年十一月，金正恩掌權未滿一年時，卻出現了芳齡二十五歲的金與正騎著白駒，跟在姑母金敬姬身旁的照片。金敬姬身下的白馬，其馬籠頭上正綴著五角銀星，金與正的也是，而五角銀星正是金氏王朝的象徵，也代表家族統治下的王國。

這兩名女性都有著白頭山血統，金敬姬是「永遠的主席」金日成的女兒，金與正則是金日成的孫女。金敬姬是檯面上活躍已久的人物，二十多年來執掌著國家輕工業部門，金與正則較為低調。**北韓官媒釋出最高領導人胞妹與姑母同騎白馬的畫面**，等於給了世界一個再清楚不過的暗示：**金與正在王朝裡的角色及影響力，將與日俱增**。

這張照片也彰顯了兩名女性的身分：兩人的身分都猶如公主，為最高領導人之女，只不過其中一位是現任最高領導人的妹妹。然而同時，兩位女性的權力卻有著日出與日落般的天壤之別。王朝裡每個分支的權力，總有一天會爬到顛峰，而相較於姑母早已日薄西山，其姪

▲ 金與正出席致獻花圈儀式，照片攝於 2019 年 3 月 2 日星期六，越南河內胡志明陵寢。

女正值旭日東升之際，前途不可限量。

另一則暗示金與正重要性的文宣，刊登於二〇一九年十月，圖中金正恩與金與正各自騎馬登上白頭山。當時這個事件並未引起關注，但在本書第十四章中將會提到（詳見第二四三頁），這已是北韓政府在為金與正日後崛起做的準備之一，並為即將在政府中扮演要職的她鋪路，新冠肺炎疫情只是加速了一切的過程。

病毒攪局，引出接班人大戲

不同於饑荒或外來攻擊，流行病可不長眼，王子、庶民同樣可能染病。病毒甚至可能讓白頭山家族至高無上的獨裁者死於非命。自從一九五三年的韓戰後，北韓的統治家族從未面臨任何生存考驗，境內既沒有聲勢浩大的起義，也沒有任何成氣候的遊行示威。儘管經歷無數外交僵局和劍拔弩張的言論，除了南韓為了自衛的回擊以外，北韓始終沒有遭受美國或南韓攻擊。

一九六五至一九七一年間，北緯三十八度線以南的區域，包含非軍事區和大韓民國境內，發生過兩千起以上重大事件，造成三百九十五名聯合國軍人死亡。一九五四年至一九九二年間，北韓派遣了約三千七百名武裝間諜潛入南韓，其中兩成在一九六七年至一九六八年間潛入，當時美國正深陷在越戰的泥沼之中。

但是像新冠病毒這樣無聲無息的隱形敵人，則殺得北韓領導人措手不及，畢竟領導人本身的健康並非絕頂狀態。如同其祖父和父親，金正恩同樣患有心臟病、糖尿病、肥胖症等疾病，而這些僅僅是檯面上已知的疾病。除非他同時罹患了幻想症，否則哪天當他無法行使職權時，改由他最信任的胞妹接任領導人職務，對於穩定國家和保障自己妻小安全，都是至關重要的計畫。

即便是在父權體制根深柢固的北韓，金與正的性別並不會成為她從政的絆腳石，她的血統才是最重要的依據。其母親高英姬是金正日最喜愛的伴侶，並為他生下三名子女。其中，三人的大哥金正哲因為男性身分，或許是較可能的接班人選，但他早已被除名，自從二〇一一年十二月參加父親的喪禮後，就再也不曾與金正恩同框過。

而她的同父異母哥哥金正男，曾化名金哲，是金正日與其他四名女性生下七名子女中的長子。不過，二〇一七年他在馬來西亞吉隆坡國際機場，光天化日下遭到化學武器攻擊、遇刺身亡。金與正其他三名同父異母的姊姊，則均未擔任任何政府要職，或被官方媒體報導過。

據說，金正恩育有三名幼子：一名兒子和兩名女兒。二〇二二年十一月，他讓其中一名小孩首次亮相，這名女兒約莫十歲左右，不過那次的活動可一點都不闔家歡樂——那是洲際彈道飛彈的試射場合，該飛彈射程可能涵蓋美國全境。

女兒金主愛擁有母親李雪主和父親的神韻[1]。北韓媒體釋出多張金氏家族成員在試射場拍手的畫面，包含金正恩、李雪主、金主愛，以及金主愛的姑姑金與正。八天後，北韓釋出了更多這對父女的合照，這次金主愛穿著風格與母親如出一轍，並與父親一起出席被北韓媒體稱為「世上最具戰略性武器」的試射活動。

金正恩帶著女兒公開亮相的舉動，令部分北韓觀察家認為，她有可能已被選為接班人。或許金正恩攜女出席的原因，不外乎是想給女兒睥睨美國和南韓領導人的機會。畢竟，民主國家美國和南韓的領導人都有任期限制，金主愛則是金正恩終生統治，且在未來的某一刻，將如此權力傳給其中一名子女的象徵。

金正恩或許認為威力強大、能攻擊美國本土的核子導彈，加上父女的溫馨合照

1 作者按：二〇一三年，前美國籃球球星丹尼斯・羅德曼（Dennis Rodman）曾表示金正恩有一名叫金主愛的女兒，而且金正恩還讓他抱過該女兒。然而北韓人很少用中文字「愛」幫女兒取名，尤其是千禧世代。根據前北韓菁英黨員李賢勝的說法，女兒真正的名字可能是「主恩」，取自父親金正恩和母親李雪主名字第三個字的組合，而主愛只是暱稱的小名。

能在敵人潛意識中種下默許的種子：金正恩顯然對女兒關愛有加，不可能隨意發起核戰爭，或許假以時日，他能成為有責任感的核武擁有者。

二〇二三年二月，金正恩在出席的宴會中，讓女兒坐在自己和妻子之間，其他軍官將領穿著軍服、配戴閃亮勳章站在後方，成為這張全家福照的背景。幾分鐘前，金正恩剛從門口牽著女兒走過紅毯，妻子則以半步之遙跟在後方。

鑒於場合需要，全場貴賓無不極力拍手歡呼，除了一人以外——金與正雙手在側，只微笑看著一切。**她是整個宴會廳中唯一不需要熱情拍手的人**。幾天後，金正恩出席夜間閱兵活動，觀望臺上他讓女兒坐在自己身邊。女兒還一度把戴著手套的小手，放到父親微笑的臉上，更加深了父女情深的形象。

就算金正恩已經暗自決定立女兒為接班人，金主愛距離成年也還有段時間，暫時無法像姑姑金與正一樣，以本人之名發表聲明，或勝任率領代表團訪問南韓及其他國家的工作。

執掌宣傳煽動部，權力核心二把手

在金日成直系血脈的七名孫兒女裡面，老么金與正，是除金正恩以外的唯一繼承人，至少二〇三〇年前都是如此。萬一北韓發生突如其來的政權轉換，究竟**這名北韓最有權勢的女性，將會甘於成為攝政角色**，直到姪子或姪女長大成人後交還政權；**抑或成為終生領導人，直到逝世為止**，至今仍是個耐人尋味的問題。

然而，二〇一三年冬天的殘忍處決事件，或許能讓她在僭越一事上再次三思。金正恩的姑丈張成澤在兩年前，曾扮演這位年輕領導人的攝政王角色，不過在那年冬天，他的角色和生命一同被肅清了。

張成澤被指控為「連狗都不如的渣滓、千古逆賊」，且在姪子出席的重要場合「拍手時顯得意興闌珊」。張成澤被拔去所有頭銜，還遭到機槍處決，官媒同時也將他從所有報章雜誌和照片中移除。姑丈慘遭自己哥哥毒手的事件，或許能讓金與正不敢恣意妄為。

但至少金與正比起當年的金正恩，做好了更萬全的準備。二〇一一年十二月十七日，當時再過三週就是金正恩的二十八歲生日，他在父親死於心臟驟停後，突然被推上了王位。

而直到二〇二〇年前，金與正白天的工作為北韓的中央委員會副部長，負責掌管朝鮮勞動黨宣傳煽動部，此部門官方英語翻譯為「Publicity and Information Department」，意思為公關資訊部。雖然名義上是部門，但是其影響力跟權力更像審查機關，確保北韓民眾服膺於國家意識型態，以及盡可能免於接觸外界資訊。她的父親也在歷練接棒的過程中，於一九六七年至一九七二年間擔任同一職位。

二〇二〇年，金與正承攬更多權力角色，成為名副其實的「副國家領導人」。她跟隨父親腳步，晉身國家政治核心單位——朝鮮勞動黨中央委員會組織指導部部長，該單位主要掌管人事調動，包含軍事方面的任用。

在這個權力至高無上的單位裡，她享有監控、懲處和表揚任何人的特權。理論上，**她有權對所有人施以監控、升職降職、賞罰、驅逐，或在城市廣場中公然處決某人，抑或祕密的在某座體育館中對其下毒手**。

雖然某位官員或王室成員是否需要被肅清、復職、被自殺、公開處死或暗殺的最終決定權，仍在金正恩手上，但多年來金與正一直是哥哥的心腹，也因此，金正恩決定將外交政策託付給她。

而她在二〇二〇年六月表示，她被「國家領導人、黨和國家」託付命令，要針對「敵國」——也就是南韓、日本、多數歐洲國家以及美國——做出政策上的反擊。換句話說，金與正現在已是外交政策制定者，和國內權力頂峰的內政官員，地位有如副國家領導人，眾人之上、一人之下。

她的影響力隨著權力擴張逐漸延伸，能見度也水漲船高。二〇二一年初，她回到中央委員會宣傳煽動部的舊職位。同年三月三十日，她在一份書面聲明中斥責南韓總統文在寅，並屬名宣傳煽動部「副部長」。理由是文在寅在四天前對北韓「新型戰術彈道導彈測試」頗有微詞，她指控文在寅是**「美國的走狗」**，**「棄最基本的邏輯及顏面不顧」**。

金與正回到舊職一事，既非升職也非降職，而是暗示著家族裡的兄長對她在組織指導部裡的表現相當滿意，但相較於嚴密監控官員、懲罰眼中釘，家族更想將心力放在團結齊心對付境外勢力上。他們透過聲明、謾罵和威脅，其中不乏二〇二二年初的核彈威脅（二〇二三年三月，金與正發出近三十則聲明，每則都帶著她招牌的惡毒風格）。

二〇二一年，金正恩持續提拔她。該年九月，他指派妹妹到國務委員會，也就是北韓最大的行政機關，該單位前身為國防委員會，由金正日創辦。在跟哥哥金正恩一起躋身為十三位委員之一後，金與正獲得了與外國首領交涉的新頭銜。

不過就如上文所述，頭銜和官等與北韓實際的權力運作沒有直接關連。金與正是權力核心的第二把手，早已是不爭的事實，就算她哪天離職成為朝鮮勞動黨政治局常務委員會成員，或只是轉調到其他單位都一樣（如同二〇一七年金正恩指派給她的工作），甚至假使金正恩在二〇二一年一月完全將她「拔官」，所有變動都無法撼動她的地位。

簡而言之，作為身上流有白頭山血統的千金，金與正握有免死金牌，能讓自己置身烏煙瘴氣的政治之上，免於像一般北韓官員們，心中時刻存著被免職或貶官的恐懼。

時至今日，金與正的表現都透露著，**假使她哪天成了最高領導人，她心狠手辣的程度與自己的兄長相比，可能有過之而無不及，甚至會在其父親或祖父之上。**在金與正發表過的書面聲明中，她多次批評南韓總統，罵其「厚顏無恥」、「寡廉鮮恥」、「神經錯亂」、「喪家犬」、「低能」以及是個「落入美國帝國主義枷鎖的蠢蛋」。

二〇二〇年六月，她便威脅要將部隊派至先前已去軍事化的區域。雖然這項計畫在同月被金正恩「喊卡」，彷彿他是自己妹妹衝動行事下的煞車踏板，但這個威脅造成的陰影依然還在，也持續讓南韓保持順服的態度。

世上首位發出核威脅的女子

而在二〇一八年的新年演說中，金正恩談到了桌上的「核按鈕」。在世上九個擁有核武的國家中，只有北韓的獨裁者，能在不接受機構監督和制衡的情況下發動攻擊。而金與正也早就幻想過將手指放上按鈕的情景了。

二〇二二年四月，金與正便威脅南韓，要是對方膽敢先出手，她將會毫不留情的以核彈回擊。她警告南韓，如果他們的軍方膽敢踏入北韓的一吋土地，那麼北韓的「核子作戰部隊一定會被迫還以顏色」。

「如果局勢惡化至此，」她繼續用清晰且浮誇的語彙寫道：**「我們將發動重大攻擊，而南朝鮮的軍隊也將面臨被完全殲滅，和屍骨無存的悲慘命運。這絕非是虛張聲勢。」**

儘管南韓和西方媒體，皆對她出席奧運期間展現的親切笑容和優雅儀態讚賞有加，她的女性身分卻沒有流露一絲柔軟的氣息，或是去核武化的傾向。若假設這位鐵娘子——一隻手已放在核按鈕上的史上首位「擁核專制女君主」——會因為女性身分而與核武分道揚鑣，也未免太瞧不起她了。她年輕、擄人芳心，且常令人放鬆戒備的特質，事實上是其王室家庭長期壓抑的結果，這點也充分展現在她二十七歲就接下領導大權的哥哥身上。

金與正在年僅二十七歲時，便成了北韓實質上的宣傳煽動部領導人，並針對時任美國總統歐巴馬，和當時在位的南韓史上首位女性總統朴槿惠，發表了大量種族和性別歧視的侮辱。

二〇二三年一月，她以三十五歲的年紀擔任烏俄戰爭和新冷戰氛圍下的北韓主要發言人。她警告美國，任何提供烏克蘭用以抵禦俄羅斯的坦克，都將會「被俄羅斯軍隊和人民英勇、無所畏懼的戰鬥精神燃燒殆盡」，並補充道，她的國家「會永遠與俄羅斯軍隊和人民站在同一陣線」。

她的家族王朝的確與俄羅斯密不可分，其淵源甚至可以追溯至金日成在蘇聯前獨裁者約瑟夫·史達林（Joseph Stalin）支持下建立的國家——也就是後來的北韓——而這層關係也因為金日成日後挑起的「祖國解放戰爭」，而更加穩固。

第3章

金氏家族終極使命

在這場將朝鮮半島統一在家族手裡的生存遊戲中，金與正承擔起了威脅、控管、操弄南韓的重責大任。

南北韓持續對峙的狀態，不斷提醒著金正恩及其家族，他們還有未完成的大業。如同北韓憲法[1]及《朝鮮勞動黨章程》中所規範的，其國家的最終目標，便是要「促進祖國和平統一」，「用全民族團結的力量完成祖國統一大業的道路」。以白話文來說，**就是消滅施行民主制度的南韓，將朝鮮半島統一在金氏家族的手裡。**

要不是當年美國從中作梗，阻斷蘇聯拿下整個朝鮮半島，金日成極有可能在將政權交棒給下一代前，便成為朝鮮統一後的最高領導人——即使這樣一來朝鮮將會淪為蘇聯的衛星國之一。而二戰落幕後，美國及蘇聯於一九四五年劃分南北韓的舉措，也從來就不是一勞永逸的作法，僅僅是為了加速該區日軍的投降速度。

對美國來說，宏觀的策略目標，是阻止蘇聯共產勢力占領整個朝鮮半島。蘇聯在一九四五年八月八日向日本宣戰，隔天便兵分三路，開始進攻駐紮在滿洲國的日本關東軍。蘇日戰爭雖然只持續了一星期，但是戰事激烈，雙方皆死傷慘重。隨著蘇聯紅軍往南擴張，美國才突然意識到，得在亞洲大陸上插旗據點，朝鮮半島便突然成了阻礙蘇聯單方面擴張的潛在絆腳石。

同年八月十日，時任蘇聯外交部長的維亞切斯拉夫．莫洛托夫（Vyacheslav Molotov）向時任美國駐莫斯科大使威廉．埃夫里爾．哈里曼（William Averell Harriman）明確表示，蘇聯將會占領整個朝鮮半島。美國高級官員聞後趕緊思考對策，提出史達林能接受的劃分方案。當時距離朝鮮半島最近的美軍，遠在九百六十六公里外的沖繩，時間對美國並不有利。

同年八月六日和八月九日，美國對長崎和廣島的原子彈攻擊，以及八月十五日昭和天皇的無條件投降，都讓華盛頓的官員忙得不可開交，急著處理投降協議以及美國占領日本的事宜。作為一九一〇年起的日本殖民地、幾乎被美國遺忘的存在，朝鮮半島的重要性從此刻起有了重大轉變。

毫無根據的一刀切，造就半島的兩個世界

八月十一號凌晨兩點，五角大廈的陸軍海軍協調委員會會議上，喬治．林肯（George Lincoln）准將以及迪恩．魯斯克（Dean Rusk）和查爾斯．伯尼斯迪爾[2]（Charles Bonesteel）兩位上校被賦予阻止紅軍繼續南進的任務。

1 編按：全名為《朝鮮民主主義人民共和國社會主義憲法》。

2 編按：後官拜上將。

三位軍官仔細看著國家地理（National Geographic）出版的東亞地圖，接著毫無根據的沿著北緯三十八度線，在地圖上劃出一條受降分界線，並認為這應是史達林能接受的條件。

魯斯克後來於一九六〇年代成為美國國務卿，他在回憶錄中寫道：「我們試圖找到首爾以北的天然地理分界線，但在找尋未果的情況，決定以北緯三十八度線作為提議。」在戰事一觸即發、紅軍可能隨時入侵半島的情況下，說服蘇聯領導人讓出一半的朝鮮半島給美國，著實是大膽之事。然而，這其實是美國孤注一擲、試圖力挽狂瀾之計。

由於當時史達林相當在意戰後因歐洲列強分裂，美國將拱手獻出的補償，他在四十八小時內接受美國的提議，令美方相當意外。事實上，美國和蘇聯都不願意在慘絕人寰的世界大戰後，為了爭奪像朝鮮半島這樣的次等獎賞而大動干戈。因此，**一個千年來未曾分裂的國家從此一分為二**。而西點軍校（West Point）的校友們，也從此稱呼林肯准將為「那個劃出北緯三十八度線的男人」。

許多韓國人對於當年美國如此草率的瓜分朝鮮半島及實施南北分治，至今仍耿耿於懷。然而，這項舉動卻同時防止讓整個朝鮮半島落入共產體制，並讓南韓有機會成功發展出完善的民主制度。白頭山的獨裁家族則確保了北韓在歷經過三個世代更迭後，依然做著想統一南北韓的春秋大夢。

因此，早在一九四五年蘇聯欽點金日成為北韓代理人前，美國已成功阻斷他成為統一後的朝鮮半島最高領導人的捷徑。然而劃分南北韓的楚河漢界，終究只是地圖上的一條線，而非北韓統一野心驅使下無法跨越的障礙。

此外，令金日成既意外又挫折的是，即便美國在一九四九年幾乎放棄了南韓，它卻在金日成一九五〇年六月二十五日發動韓戰後，動員了聯合國軍隊前來支援他的南方敵人。

中蘇兩面討好，金日成是最大贏家

北韓是個建立在漫天大謊和欺人故事中的國家。金日成在一九四五年將朝鮮半島從日本手中解放、在韓戰中擊潰美國等事蹟，就是其建國的基業，而且這兩項事蹟也經常以大外宣的方式宣傳至海外，並為西方人士所知。一九七三年，北韓出版了金日成的英文傳記，作者是其政府官員白峰（Baik Bong），該書於一九六八年第一次以韓文出版。

作者在書中寫道：「一九四五年八月八日，蘇聯終於向日本宣戰。」而關於解放朝鮮半島的事件，他則如此描述：

「金日成將軍在完成對抗日本帝國主義的最後作戰計畫後，他下令動員所有的朝鮮義勇軍。在將軍指揮下，軍隊偕同蘇聯軍隊陸續於東滿洲、南滿洲、北滿洲，以及中國展開英勇的軍事行動。」

書中提到蘇聯支援一事，是值得注意的亮點，並不是因為這是整段敘述中唯一的事實，而是因為**一九六〇年代前半葉時，北韓與蘇聯的關係其實已降至冰點**。金日成在中俄戰爭及一九六二年的中印邊境戰爭中，都力挺中國。一九六二年，與古巴飛彈危機同時爆發的中印邊境戰爭期間，北韓譴責蘇聯奉行「修正主義」，也就是選擇對美國帝國主義卑躬屈膝，而非加大力道還以顏色。

不過**到了一九六〇年代下半葉，北韓逐漸冷落中國，轉而投向蘇聯的懷抱**。一九六五年，與金日成關係緊張的時任蘇聯領導人尼基塔・赫魯雪夫（Nikita Khrushchev）失去其政治舞臺，蘇聯再度恢復對北韓軍援。莫斯科當局大方贈與平壤當局坦克、潛艇、飛彈和戰鬥機。北韓也善用一九六〇年代蘇聯與中國交惡之際，不僅在中國於一九六六年陷入文化大革命後公然批判中國，還刻意袒護蘇聯。

在文化大革命開始後的首三年，中國陷入前所未有的動盪，中國共產黨在各地實施激進的政策，從華北一路延燒到雲南和廣東地區，但即使如此，中國與北韓在外交上仍然相互凌辱、互不相讓。

即使金日成本身是政治肅清手法的老玩家，並親自於一九五六年至一九六二年間曾整肅過許多親俄和親中官員（也就是潛在政敵），但就連他也對毛澤東及其第四任妻子江青發起的文化大革命規模，及暴虐殺戮手段敬畏三分。中國老百姓在此期間，以前所未有的規模被殺害或消失。

北韓高級官員也告訴平壤的蘇聯大使，說毛澤東是個「發了瘋的愚人」，而文革只是一場「瘋人實驗，與文化或革命根本沾不上邊」。另一邊，文革的紅衛兵則戲稱金日成為「修正主義胖子」以及「赫魯雪夫的門徒」，並在許多海報中將他描繪為「富翁、貴族和資產階級的擁護者」。

因此，這本寫於北韓與中國交惡之際的金日成傳記，其實省略了許多重要事蹟，例如韓戰初期以美國為首的聯合國軍隊，一度占領平壤和北韓多數地區，**對中國在關鍵時刻出手相救，才讓北韓免於亡國一事卻隻字不提**。中國介入後可說逆轉了局勢，讓北韓從幾乎被剿滅的邊緣，恢復到能與南方分庭抗禮的狀態。

中國雖對北韓的敵人施予重擊，但也賠上了許多中國人的生命。毫無疑問，毛澤東救了金日成和北韓，就像當時不久前北韓出兵後，美國及時幫南韓解圍一樣。毛澤東可說是金日成不折不扣的天外救星。不過在他一九六八年的官方授權傳記中，金日成拒絕承認中國在所謂「祖國解放戰爭」中扮演的角色：

「在祖國解放戰爭中，朝鮮勞動黨總書記兼人民軍最高司令官金日成，以卓越的領導能力，和在抗日作戰中習得的軍事策略，率領剛成立的朝鮮人民軍及其他民眾，以技壓群雄之姿、一舉殲滅了美帝[3]領軍的十六國反叛武裝軍隊。

「……在祖國陷入水深火熱的戰事時，朝鮮人民回應領導人的呼喚，將祖國打造成固若金湯的堡壘，並重創敵軍空軍及陸軍的攻勢，讓其魂斷異鄉，屍首葬送於祖國的山巒河流中。

「美國帝國主義吃了一記敗仗……也因此，內閣首相金日成的名字，將與戰無不勝的鐵血指揮官劃上等號，加上朝鮮英勇的美名，他已成為世上正義、勇氣和力量的象徵。」

該傳記中，隻字未提金日成曾苦苦懇求史達林和毛澤東，同意他進攻南韓一事。一九五〇年四月，在進攻南韓的前兩個月，金日成向人在莫斯科的史達林表示，雖然美國介入的機會並不高，但如果不幸成真，毛主席的中國軍隊也已枕戈待旦，隨時準備出兵。史達林這才勉為其難的同意了金日成的作法。

而到了五月，金日成到北京會晤毛澤東時，也跟他撒了一樣的謊，只不過準備援兵的領導人這次換成了史達林同志，假設在美國插手的情況下（金日成很有信心不會讓情況發展至此），蘇聯將派出蘇聯盟軍。直到聽到這席話，金日成才讓毛澤東點頭答應、支持出兵。畢竟當時，中華人民共和國才成立未滿八個月，毛澤東主要的心力，仍需要專注在國共內戰後重建家園的事宜。

正如同金日成預測的，南韓軍隊被打得落花流水。到了一九四九年夏天，美國在管理南韓三年後形同已放棄了這個國家，除了數百名軍事顧問外，軍隊已全數撤離。因此，南韓也如金日成預期的那樣，在三天內便淪陷。

一九五〇年，南韓的淪陷成了日後一九七五年西貢淪亡，以及二〇二一年阿富汗淪陷的先例，兩者皆是美國花費數十年提供軍援和金援支持的政體，卻在短時間內徹底敗給了敵方陣營。

3 編按：指美國帝國主義。

一九五〇年六、七月下旬，北韓軍隊占領了多數南韓領土，未滿四十歲的金日成距離完成祖國統一的大業只差一步之遙，在「解放祖國的英勇戰役」中，他幾乎將美國扶持的「傀儡國家」盡數納入自身版圖。

美軍重返半島的真正理由？

然而，在命運捉弄下，美國終究回防南韓，並破壞了金日成讓朝鮮半島完全赤化的大夢。而一切都是因為時任美國總統哈利・杜魯門（Harry Truman）及旗下政府，大大誤解了金日成揮軍南下的目的。

原來，**美國以為北韓南下侵略南韓，是蘇聯有意與美國較勁之舉**，並作為日後進軍歐洲和其他地區的起點。美國人認為如果坐視不管，只會助長蘇聯的野心。在美國眼裡，這位北韓領導人和其野心計畫不足掛齒，**金日成只不過是史達林和毛澤東的傀儡**，對於其他共產大老的話，他只有言聽計從的份。

就如當時負責公共事務的美國助理國務卿艾德華・巴瑞特（Edward Barrett），在國家安全會議後告訴記者的，在韓戰消息曝光後，史達林之於金日成的關係簡直如同華特・迪士尼（Walt Disney）之於唐老鴨（Donald Duck）[4]。

而對北韓領導人近乎種族歧視的外貌偏見和恃才傲物的心態，也深深影響了美國對北韓的外交政策，這也解釋了為何不同政府在過去三十年的時間內，始終無法妥善處理北韓核彈威脅的問題。

美軍協防南韓的目的並非要拯救南韓，而是為了阻止蘇聯和中國透過代理人戰爭擴張軍事勢力、履行《聯合國憲章》（*Charter of the United Nations*）及其集體安全的承諾[5]，並透過強化日本來保護美國利益，畢竟日本在當時依然屬美國管轄，也是美國重點栽培的夥伴之一。

不論動機為何，美國確實以剛創立不久的聯合國之名，組織了一支十六國聯軍協助南韓對抗北韓。在十六國聯手對抗中國和北韓組成的聯軍，外加默默參戰的蘇聯空軍，雙方陣營歷時三年的血腥戰鬥和無數傷亡後，韓戰終於劃下了句點：南北韓同意停火，雙方各自退回金日成入侵前就已存在的分界線內。南韓總算守住了疆

4 編按：華特．迪士尼為美國著名動畫公司創辦人，唐老鴨為其筆下人物之一。

5 編按：《聯合國憲章》第一條：聯合國之宗旨為：一、維持國際和平及安全；並為此目的採取有效集體辦法，以防止且消除對於和平之威脅，制止侵略行為或其他和平之破壞；並以和平方法且依正義及國際法之原則，調整或解決足以破壞和平之國際爭端或情勢。

土，而北韓的解放戰爭則嚴重受挫。

一九五三年七月二十七日上午十點，北韓、美國、聯合國軍和中國共同簽訂《朝鮮停戰協定》，聯合國軍代表小威廉・凱利・海立勝（William Kelly Harrison, Jr.）中將，和朝鮮人民軍及中國人民志願軍代表南日大將，在朝鮮半島的板門店簽署協定。隨後，金日成、中國人民志願軍司令員彭德懷，和美國陸軍上將兼聯合國軍總司令馬克・克拉克（Mark W. Clark）也簽署了名字。然而，當時南韓總統李承晚認為該協定會讓朝鮮半島分裂常態化，甚至讓北韓有時間重振旗鼓、東山再起，因此基於想要統一半島的立場，拒絕簽署協議。

為吞下南韓，必須先趕走美國

不過，停戰協議非和平協議，也不是納粹德國政府或大日本帝國，各自在一九四五年五月和九月簽訂的投降書。儘管如此，北韓仍聲稱戰勝了美國，並在每年七月二十七日慶祝祖國解放戰爭勝利紀念日。

此外弔詭的是，雖然北韓一向以「勝利方」自居，卻從一九七〇年代以來不停要求美國簽署和平協議，究竟為何「贏家」須要求「戰敗方」簽署和平協議，北韓政府始終沒有提出解釋。

但背後理由其實很簡單。正式的和平協議會讓聯合國軍——也就是聯合國安理會派駐在南韓，自一九五三年起長期維持朝鮮半島和平的多國聯軍，成為非必要甚至不具正當性的設置。更重要的是，這會讓駐紮在南韓的美軍頓時失去長駐的理由。在「和平」的快樂氛圍中，南韓和美國某些圈子內，必將出現讓美軍撤出南韓或降低軍援的聲浪和壓力。

金正恩也在二〇二一年一月的朝鮮勞動黨第八次代表大會提到，在持續協防南韓、防堵北韓的軍事冒險主義[6]下，美國對於北韓來說就如同「朝鮮革命路上最大的障礙，也是最大的敵人」。北韓人民時刻提醒彼此，邪惡美帝是一隻豺狼，始終覬覦他們受苦中的同胞國家，而北韓必須不計代價阻止美國。

不過一般北韓人以及許多南韓人沒意識到的，是金氏家族在極力追求「終極國家統一」這個目標時，似乎有超乎其職責的目的性。而只有追求是不夠的，因為這意味著北韓將永遠處於劣勢。**一個更具統治正當性、更自由、更富裕的南韓，便足**

6 編按：為獲得不當利益，而甘願做出高風險舉止的行事方法。

以對金氏家族的統治造成長期威脅。

專家保守估計，南韓的富裕程度比北韓高出了五十倍。南韓對於北韓人來說，就像燈塔的存在，自一九五三年停戰協議以來，已吸引超過三萬四千名脫北者冒著生命危險，離開環境惡劣的祖國、重新定居在南韓。為確保金氏家族的統治永無止境，北韓就必須以武力和平統一的方式，併吞和平富足的南韓，而非等著南韓來收拾自己。更別說，若要南韓人活在金氏家族或朝鮮勞動黨的統治下，他們肯定不會樂意。

另一方面，動用武力和威脅手段來實現統一，並非不切實際的作法，尤其對一個擁有核子武器的國家來說——唯一的顧忌，也許只有美國始終擋在前方礙事。在這場生存遊戲中，金與正承擔起了威脅、控管、操弄南韓，以及其他王朝「頭號公敵」的重責大任。

第 4 章

家族祕辛與內鬥

對金正恩來說，哥哥金正哲似乎安於活在鎂光燈之外的世界，精明可靠的金與正，則是完全不同等級的人物。

一九九四年七月，北韓這個世上最神祕的國度，為金日成的逝世陷入舉國哀悼之際，金正日坐上了新的領導人寶座。然而，外界甚至是各國情報單位，都對這名新的領導人所知甚少。除了金日成二十幾歲的長子金正男以外，他們對他其他的兒女一無所知，尤其是年紀最小的金正恩與金與正。

金正日四處留情，要由誰接班？

金正日第一個親生孩子是金惠敬，是金正日與第一任妻子洪一天所生。金正日在父親催促下，於一九六六年與洪一天完婚，隔年便生下金惠敬。但或許是因為金正日的風流韻事，導致洪一天後來選擇與丈夫漸行漸遠[1]。

長子金正男的誕生，則是金正日放蕩縱情的其中一個結果，他於一九七一年五月十日出生於「烽火醫療院」——一間專門為黨政高層要員提供服務的醫院。雖然金正日喜獲麟兒，**但這件事他也必須向父親保密，否則就是間接承認他與知名演員成蕙琳——也就是金正男的生母有染**。

一九六〇年代末，金正日追求成蕙琳時，她早已名花有主。金日成雖並非感情上的道德完人，但對於自己兒子的濫情行為，他無法視而不見。金正日擔心被打入冷宮的疑慮其來有自，畢竟當時的他尚未被指定為接班人。一九七〇年代初，在一場奢華的晚宴派對裡，金正日認識了萬壽臺藝術劇場的舞蹈演員高英姬，之後他經常邀請高英姬在晚宴或派對上坐在他身旁。一九七四年，金正日已成為內定的接班人。同年，金正日在與成蕙琳同居，並繼續跟高英姬藕斷絲連的情況下，又娶了黨內的打字員金英淑。該年年底，金英淑生下金雪松。多年來，金雪松經常被南韓和其他國家媒體誤認為金正日的長女。而金雪松的妹妹金春松，則於隔年一九七五年出生。

高英姬最後從這場後宮爭鬥中脫穎而出，獲得金正日的寵幸，並於一九七九年搬進平壤市中心的「十五號屋」，這是一間附設動物園的超級豪宅，金正日曾與成蕙琳同居於此。但金正日從未迎娶成蕙琳，而是把她跟高英姬一樣，視為自己普通

1 作者按：在金正恩執政下，金惠敬據說在朝鮮勞動黨中央委員會書記局（勞動黨的黨務執行機構）擔任要職。她或其中一位同父異母的妹妹（撇除金與正）有可能是金正恩二〇二〇年出席活動時的隨從人員，但如同所有的兄弟姊妹，金惠敬並不曾以王室成員的身分曝光於大眾面前（詳情請參見宋弘根（音譯）所寫的〈朝鮮勞動黨中央委員會書記局核心人物，金正日與洪一天之女〉一文，《新東亞》雜誌，二〇二〇年四月二十九日）。

法婚姻下的妻子。金正日私下也曾不避諱的，稱呼成蕙琳為大鼻子。

如前文所述，高英姬與金正日生下三名兒女，所有兒女原則上應該都生於北韓，但他們的出生地卻都不詳。金正恩生於一月八日是公開的事實，北韓政府卻從未公布他的出生年分。但這並不奇怪，畢竟北韓當局也只公布了包含金日成、前者的第一任妻子金正淑，及金正日等少數幾名北韓第一家族成員的生日資訊——完整的出生年月日。

事關權力與國家慶典，出生日期很重要

在北韓，全國最重要的節日是金日成生日，也就是所謂的太陽節，金正日的生日則位居第二。北韓每年都以「朝鮮最大盛典」來慶祝這對父子的生日，儘管金正日出生於一九四一年的資訊，始終不曾公開。

一九七四年，當金正日成為內定的接班人時，北韓政府正式公布他的出生年為一九四二年。藉由在出生年分上動手腳，金正日的出生年正好與父親金日成相差三十年，這麼做能讓父子同時慶祝重大的紀念日或里程碑，例如金正日四十歲時，父親剛好年屆七十；兒子滿五十歲之際，父親便剛好過八十大壽。兩者都將以盛大

慶典慶祝，藉此強調世代相傳的偉大。至於金正日母親的生日：一九一七年十二月二十四日，並未定為國定假日，不過北韓官媒總是會在聖誕夜時提起此事。

假以時日，北韓當局總有一天會將金正恩的生日與兩位長輩一樣，定為國定假日。然而這位年僅二十歲就接下重責大任的第三代領導人，目前尚未表露如此唯我獨尊的想法。

至於金正恩的出生年，大韓民國統一部將他的出生年登記為一九八四年，並承認該數字尚未獲得證實，也可能為一九八二年，或者一九八三年。南韓頂尖情報單位國家情報院，也表示金正恩的生日仍不詳。

金正恩的阿姨兼監護人高英淑，後來與家人於一九九八年投誠美國後，曾公開表示金正恩生於一九八四年，與她的長子同一年出生。這點無庸置疑，因為高英淑曾在二〇一六年四月向《華盛頓郵報》的記者透露：「（金正恩）跟我的兒子從小就玩在一起，我還幫他們倆換過尿布。」

另一名金氏家族的投誠者，是金正男的表哥李韓永，他的命運也彰顯了白頭山家族早期的蠻橫跋扈和權力鬥爭。李韓永在一九八二年逃至南韓，並在一九九六年發表了一篇關於北韓第一家庭的爆料文章。其中提到，在北韓長幼有序的文化裡，晚輩直接以姓名稱呼長輩是大逆不道的事，不過金正日的兒女並非等閒之輩。李韓永稱**金正男總是直呼長輩的名字，長輩則需要以金正男的「官階」來稱呼他**，而其官階還會隨著每年生日逐年遞升。

金正男三歲生日時，他便被賦予了一星准將的頭銜，隔年升上少將。年滿五歲時，他直升中將，六歲時成為四星上將，七歲升格元帥，八歲時則是大元帥。從八歲開始，金正男身邊的長輩便開始以大元帥稱呼他，而這名被寵壞的小王子卻依然故我，對長輩說話從不用敬語。

李韓永本名李一男，是金正男姨母成蕙琅（成蕙琳的姊姊）之子。李韓永在回憶錄裡也寫到，身為王室家族的一員，他即使是青少年也能直呼長輩的名諱而不受罰。所有長輩都因為他是金正日的外甥，對他敬畏三分。年少時，他甚至能隨意踢軍官的小腿，或掌摑北韓駐俄羅斯大使而不受任何責罰。

從廚師之眼，一窺王室家庭

此外，也多虧了在金正日底下工作超過十三年的日本壽司師傅，我們才能掌握許多金正恩和金與正的童年細節。藤本健二（化名）在一九八八年至二〇〇一年間，擔任金正日的專職廚師，除了優渥的薪水外，還享有許多最高領導人賜予的特權。

多年來，藤本有機會接觸金正日和他三名兒女——金正哲、金正恩和金與正。他從未看過其他小孩，在住家、官方宴會，或任何家族聚會上都沒有，因為**金正日在聘任藤本健二期間，嚴禁自己與不同女性所生的小孩相互見面**。

藤本健二經常受邀參與金正日的晚宴或深夜喝酒派對，他會與第一家庭成員玩遊戲，還能乘坐金正日停泊於元山港的豪華遊艇。雖然當時這名廚師已年屆四十，但在一九八〇年代末和一九九〇年代初，他經常是男孩們的玩伴，教導他們玩遊戲、放風箏，甚至在金正恩步入青少年時偷偷教他抽菸[2]。

根據藤本健二的說法，金與正的父母自幼經常以「小公主」或「與正公主」稱呼她。對於兩位兄長，他們會從金與正的視角，以「大哥」稱呼金正哲、「二哥」稱呼金正恩。

這名公主在誕生後不久，就成了家庭的掌上明珠，吃飯時她總是坐在父親的左手邊，父親的右手邊則坐著母親大人。在母親的右手邊則是金正恩，而金與正的左

2 作者按：金正日允許他的青少年兒子喝酒，但不准他抽菸，不過就像世界各地的權貴家族，父親的訓誡總是毫無用處。金正恩跟父親一樣，成年後都成了老菸槍。

手邊坐的是金正哲。這是金家餐桌的標準座位配置。

藤本健二形容，金與正是個驕縱任性的小孩，雖未達白頭山家族世代傳承的「頑固」特質，卻總是堅決且我行我素。例如金日成曾經的心頭好「普天堡電子樂團」，其中的歌手金貞女曾被邀請進駐金日成的元山大宅，擔任與正公主的玩伴。她還會陪金與正及其兄長一同出國。

高英姬有時也會帶著三名兒女，搭乘「萬景峰號[3]」前往日本遊玩。但在二〇〇六年十月北韓舉行第一次核武試驗後，日本便禁止該渡輪入境。在該船曾被允許入境的全盛時期，這種船經常被用來運送遊客，或者淪為走私毒品、美金假鈔，和電子產品的管道。

一旦船員知道有達官顯貴要開車前往碼頭，他們會下令所有乘客拉下窗簾、不准偷看船外情景。高英姬會帶著孩子乘坐暗色車窗的賓士（Mercedes Benz）轎車，前後跟著其他車輛，並在渡輪出發前一刻出現在元山港。

若有乘客膽敢偷瞄幾眼的話，將會看到一名打扮得體、明顯位高權重的女性，帶著小孩和幾名女性隨從一同登船。船停靠在日本港口後，北韓實質的在日代表組織「在日本朝鮮人總聯合會」（又稱旅日朝鮮人總聯合會）委員長許宗萬便會在碼頭迎接王室成員。

有一回，藤本健二發現千金的隨從金貞女並不在她身旁，最終，當時年僅八、九歲的金與正便開除了她。又有一次，他發現金與正毫不畏懼的斥責她的哥哥金正哲。那時的金正哲就如世界上其他青少年，對異性充滿憧憬；反之十六歲時的金與正卻對運動和電玩比較感興趣。

金正哲十六歲那年，暗戀著金與正的其中一名女性隨從，那名隨從有著美麗的臉龐，而且只比他大了一歲。當天，為了偷看心儀對象一眼，金正哲偷偷溜進父親莊園中女性專用的戲院，那裡是金與正經常跟女性隨從看電影的地方。**約莫十分鐘後，金與正便把大她七歲的哥哥攆出戲院，並恢復戲院該有的秩序**。

而在高英姬離家到歐洲治療乳癌和其他疾病時，金正日最年輕、也是最後一名跟他同居的情婦金玉（一九六四年生）頂替了高英姬，坐上了其原本的餐桌位置，而三名兒女位置保持不變。那時的金正日，同時與高英姬和自己的祕書金玉發展情感關係。

根據藤本健二的說法，兩名女性的交情還不錯。高英姬甚至視金玉為三名兒女

3 作者按：該船名以金日成在平壤出生的社區命名。

的潛在監護人。高英姬在家時，三名大人和三名孩子會一起共進晚餐，金玉則坐在金正恩旁邊。小孩如同對待其他長輩一般，皆以名字直接稱呼父親的情婦兼祕書，語氣中帶著不少親暱。

雖然高英姬多年來在法國尋求醫療協助，最終仍不敵癌症病魔，於二〇〇四年五月逝世於巴黎。金正日寄送了訂製的棺材，並以個人專機將高英姬的遺體從巴黎運回平壤。由於法國跟北韓沒有邦交，南韓的駐法代表協助了法國與北韓溝通，以及北韓代表團的遺體運送事宜，而這支代表團的團長正是金玉。

雖然金正日比起其他小孩的母親，跟高英姬相處的時間最多，他依然會關心他所有的小孩。二〇〇一年七月和八月，在一次橫越俄羅斯的二十四日旅程中，金正日便向俄羅斯總統弗拉迪米爾・普丁（Vladimir Putin）的遠東代表普里克夫斯基（Konstantin Pulikovsky）稱讚金雪松「非常能幹」。

普里克夫斯基之後將該旅程寫成了一本書，名為《東方快車：與金正日共遊俄羅斯》（*The Oriental Express: Through. Russia with Kim Jong Il*），他雖然未在書中提及，之後卻補充道，金正日曾跟他提過自己兩個非常厲害的女兒，反觀兒子們各個都是「扶不起的阿斗」。

這裡無法確定的是，金正日指的是哪一位女兒，他有可能說的是金雪松，或是前者的妹妹金春松。二〇〇一年八月，彼時金與正距離十三歲生日還有一個月，可能尚不足以讓父親對她的能力刮目相看，但金與正的同父異母姊姊，日後卻也未曾在金正日或金正恩執政期間，擔任過任何重要職務，抑或在政治路上大放異彩。

為鞏固權力，得修剪家族分支

對於金正恩和他的妹妹來說，他們的同父異母姊姊只是「旁系」。金日成於一九七三年時，第一次使用這個詞彙形容他的第二任妻子金聖愛[4]以及她的弟弟金聖甲。金日成對自己的妻子和小舅子大為光火，因為兩人未經同意就安插、拔擢人士擔任黨內和軍中要職，藉以鞏固自己的權力。

一九六〇年代中旬，金聖愛已經是朝鮮民主女性同盟[5]的副委員長，並在一九七一年擔任委員長後培養自己的人馬。金日成的兒子盡責的向父親告密道，許

4 作者按：另有一說是第三任。
5 編按：現已改為朝鮮社會主義女性同盟。

多由金聖愛擔任導覽的照片，以及關於她的文章書籍，都在未經父親的同意下陸續出版。

金正日在一九四九年、年僅八歲時痛失母親，他一輩子對母親的思念不曾減少。也因此，**繼母企圖營造自我崇拜的計畫，是對他生母記憶的一種羞辱**，更玷汙了母親革命英雄的地位，並挑戰父親單一意識形態的領導方式。這套意識型態由金正日的叔父金英柱於一九六七年提出，由一連串複雜的原則構成，進而組成對最高領導人的絕對崇拜。到了一九七〇年代初，金正日本身採納了這套教義並大肆宣傳，鼓勵眾人對父親展現絕對忠誠。

隨著白頭山血脈開始出現分支，在必要時必須予以修剪。金日成在往後的兩年皆不准妻子在正式場合亮相，她的影響力也隨著黨內官員嗅出風向後逐漸消退，其弟弟金聖甲也消失在大眾視野中。

在北韓，看懂政局變化，認清誰當道、誰失勢是攸關生死的技能。當金正日準備繼位時，他馬上認清自己同父異母的兄弟姊妹是需要嚴密監控的旁系血親。在當上領導人後，他也確保金聖愛的四名兒女，也就是「分支」的兄弟姊妹皆被以半放逐的外交官身分送出國，而非在政府內擔任重要職位。

但金正日最小的弟弟就沒這麼幸運了。一九七一年，金正日喜迎長子金正男時，他的父親金日成也多了一個新兒子。金日成在近六十歲時，同時得到了孫子金正男，和第八個兒子金賢，這名幼子由比金日成小了許多歲的護士兼按摩師所生。二〇〇七年時，金正日或許出於父愛和戒慎恐懼，決心剷除當年三十六歲、生活在平壤大宅的同父異母弟金賢。

對金正恩來說，除了自己的兒女之外，只有妹妹金與正，和哥哥金正哲屬於白頭山的正統血脈。他的三個同父異母姊姊在皇室家族雖享有一定地位，卻被排除在繼承人名單之外，他的同父異母哥哥金正男則遭逢毒手、悲劇性的被結束了生命。他的哥哥金正哲似乎安於活在鎂光燈之外的世界，然而，精明可靠的金與正，則是完全不同等級的人物。

第5章

狂人父親金正日

或許金正日留給後世最深刻的遺緒，便是他培養了不只一位、而是兩位專橫跋扈的潛在領導者，而其中一位，還是名女性。

金正日的兒女過著恃寵而驕的皇室生活，也讓他們培養出與生俱來的特權感。他們是否也遺傳了父親最糟糕的特質？

在金正日成為父親的繼承人後，多數人看到或選擇看到的，是一名整日沉溺於酒色和好萊塢電影的花花公子。他的外甥李韓永曾出面爆料北韓第一家庭紙醉金迷和神格化的生活方式，例如金正日經常幫身邊四十位親信舉辦派對，派對上不乏年輕女歌手和舞者，一起和男士們狂歡跳舞到深夜。能受邀參與這些派對正是打入金正日圈子內的證明，而「入場費」則是得在宴會廳門口，一口氣喝下整杯烈酒。

在其中某些夜晚，飲酒作樂最後則會演變成喝酒遊戲，輸家必須剃掉身上部分毛髮，以女性來說，則是陰毛。在金正恩掌權後，高階官員有時也會頂著部份頭髮被剃掉的樣貌出現在重要場合。

然而隨著金正日在一九九四年登上大位，暗黑的謠言重新浮上檯面，其中指控金正日曾綁架東亞、歐洲和中東的外國女性，來擔任派對上百依百順的服務生。眼下的事情再清晰不過了：**這名新的領導人也是一介狂人**。睿智的人們都納悶了，這麼一位道德淪喪、瘋癲狂妄的人，能如何成功治理他手下怪誕離奇的國家？

歷經戰爭洗禮，在中國長大成人

金正日沉浸於酒池肉林的傳言並非空穴來風，但是對他喪失理智的指控，則多為以偏概全的推論。多數熟悉西方兄弟會文化的人，大概會悵然的認為，金正日終日沉溺酒色，並不見得跟領導國家相牴觸，更不能作為瘋癲或無能的證據。不過數個世紀以來，東方領導人殘忍無道、喜怒無常的獨裁者形象已深植人心，因此難免令人作出錯誤判斷——北韓領導人是個難以理解的怪人，只能被人訕笑和鄙視。

金與正和金正恩的父親所歷經的漫長、蜿蜒曲折的旅程，或多或少能替他成為的領導人模樣提供不少解釋。在年僅四歲、金正日的父母還以他的俄文小名「尤拉」（Yura）來稱呼他時，他的父親已是北韓最有權勢的領導人。

北韓或許只是朝鮮半島的一半，還得接受蘇聯管轄，但是金日成始終是蘇聯最中意的人選。在與蘇聯人打交道之餘，大多數時間，金日成身旁都圍繞著一群搶著獻殷勤的馬屁精。對金正日這位年輕的王子來說，北韓的生活可一點也不貧瘠，他能享受所有孩童都得不到的榮華富貴。

然而年幼的尤拉，也經歷了人生兩大創傷。首先，他的三歲弟弟蘇拉（Shura，金萬日）於一九四七年死於溺水意外。兩年後，他的母親在一九四九年九月死於生產併發症。翌年，只有九歲的他歷經第一次戰爭洗禮，**儘管戰爭發起人正是自己的父親**。

北韓於一九五〇年六月二十五日入侵南韓，一舉在三日內攻陷首爾。在金日成親自指揮下，朝鮮人民軍大舉南下，以所向披靡之姿橫掃村莊。到了同年八月初，即便有美軍初期的軍援，南韓控制的區域已縮減至朝鮮半島的東南端，退至濟州島以南及釜山環形防禦圈內，這是一條南北長約一百六十公里、東西寬約八十公里的長方形地帶。

然而到了九月中旬，局勢有了一百八十度的逆轉。由美國陸軍五星上將道格拉斯·麥克阿瑟（Douglas MacArthur）指揮的聯合國軍，從朝鮮半島西側發動兩棲突擊登陸，史稱「仁川登陸」。到了十月，美國已成功切斷北韓供應線，聯合國軍也朝北反擊、進入北韓領土。

金正日和妹妹金敬姫，被迫從平壤撤退至鄰近中國邊界的慈江道江界市，他們父親的親信李乙雪，是金日成在蘇聯第二十五軍團時的同袍戰友，負責確保公主與王子的安全。

對金日成和李乙雪而言，加入蘇聯軍團是改變一生的決定。隨著韓戰結束，兩位同袍戰友官運亨通，享盡無窮的權力。一九九五年，金正日贈與李乙雪朝鮮人民軍元帥的頭銜，這是除了金正日以外僅兩人擁有的殊榮。而曾經擔任金正日隨從的李乙雪，最後比主子多活了四年才去世。

為了慎重起見，金正日和妹妹金敬姬被送出戰區，前往中國吉林省，他們的父親曾在一九二〇年代末前往那裡就學。一九一九年至一九四〇年間，金日成的少年及青年時光，幾乎都在中國度過。他之後也大幅寫下自己在中國期間接觸共產主義的心路歷程，他的兒子金正日，卻始終對於自己幼時在中國經歷的晦暗遭遇及戰爭洗禮保持沉默。

離世前的一手：拉攏中國、羞辱美國

金正日或許在二〇〇八年八月嚴重中風後，感覺到自己命不久矣，因此在親自訪中三個月後的二〇一〇年八月，再次帶著最小的兒子金正恩到訪中國，正式晉見中國領導人（包括即將卸任的胡錦濤及新上任的習近平）。由共產黨統治的中國，是北韓最重要的政治盟友及原物料供應國。同年隔月，金正恩的名字也首次出現在北韓媒體，身分是四星上將。

在訪中行程裡，金正日帶著兒子重遊他的童年故鄉，其中最重要的一站就是他父親金日成，自一九二七年至一九二九年間就讀的吉林市毓文中學。根據朝鮮中央通訊社（KCNA）報導，金正日「在領袖（指金日成）的雕像前放了花籃……表情相當凝重」。學校合唱團也為貴賓獻唱《金日成領袖之歌》，一首「不足以表達領袖浩瀚偉大的小曲」。北韓領導人也留下了一句鼓舞人心的話：「祝象徵中朝關係友好[1]，並擁有悠久歷史和傳統的吉林市毓文中學繼續作育英才、化雨群英。二○一○年八月二十六日，金正日。」

父子接下來的行程是吉林天主教會，地點就在毓文中學附近。童年時期，金正日與妹妹金敬姬，便以化名身分躲在教會住所，度過整個韓戰時期。金正日據說跟一名教士坦言：「我曾住在這裡。」

金正日停留在吉林，不光是出於對父親在毓文中學受到共產啟蒙的敬重（至少一九二○年代的人是這麼認為），也不只是完成生命劃下句點前的追憶之旅，而是**要向中共現任領導人再次確認，白頭山家族與中國共產黨的歷史連結**。

提前幫助即將接下江山的兒子跟共產黨打好關係，無疑是一種父愛的表現。隔天，胡錦濤告訴金正日，他到訪的吉林市是「中朝締結友好關係的發源地，兩國同心抵抗外來侵略者的歷史舞臺」，因此對於促進雙方合作和深化關係，有著舉足輕重的重要性。

金正日此行的用意，在父子於二〇一〇年八月二十五日前往中國後逐漸明朗。就在美國前總統吉米．卡特（Jimmy Carter）專程飛來平壤，準備營救美國公民艾賈倫．戈麥斯（Aijalon Mahli Gomes）之際，父子倆就已登上火車離開北韓。戈麥斯是一名來自波士頓的傳教士，當年一月因非法入境北韓而遭拘留。北韓刻意「王不見王」的安排，並非行程衝突所致，畢竟，就算是臨時起意的救援行動，也需要救援方與拘留方多日的安排和溝通。

然而金正日就連一則禮貌性的留言也未留下，甚至沒事先預告他將在美國前總統到訪期間離國。不過，金正日其實也早在接近午夜、出發前往中國前，就已簽好戈麥斯的特赦同意書。卡特還特別多待了一天，希望能有機會會晤金正日，但在發現金正日無意見面後，便隨戈麥斯一同飛回波士頓了。

一九五三年韓戰結束後，金正日過著養尊處優的王子生活，而從三十歲起，更開始他接班人飛揚跋扈的日常。在面對人群時，他不像父親那麼善於社交，也較少出國。接下領導人大位後，他屈指可數的外訪行程中，也只參訪了中國與俄羅斯，

1 編按：北韓在對外發言中，以朝鮮自稱，中國也主要以朝鮮稱呼北韓政權。

而且總是乘坐他的個人火車。

在對內事務上，金正日從未透過電視對人民發表演說，甚至沒錄製過在電臺或電視上播放的演講，唯有一次例外。一九九二年四月，金正日為了慶祝金日成成立的抗日軍團——朝鮮人民革命軍六十週年慶，他罕見的在閱兵大典上致詞。他的父親於去年（一九九一年）十二月，正式賦予金正日朝鮮人民軍最高司令官頭銜[2]，他從觀望臺居高臨下，俯瞰一排排的士兵，身體傾向面前的七支麥克風，緊張的抓著看臺邊緣，脫口而出：「英勇的朝鮮人民軍萬歲！」

他的致詞就這麼一句話，前後不到五秒的時間。或許新的領導人認為，言簡意賅是種美德。不過在私人場合中，金正日卻相當健談，一點也不害臊，而且魅力十足。他同時既善良又殘忍、友善卻刻薄、自戀又慷慨。

木訥表面下，對逆賊毫不手軟

金正日經常向受邀至深夜派對的四十幾位男性官員和女性表演者（包括歌手、樂手和服務生），贈送以北韓標準來說極盡奢華的禮物。幾乎每個月，金正日還會饋贈手下進口服飾、鞋襪，和鋼筆。至於不同女性——有些是電影明星，有些則是來為特定男性提供性服務的人——則收到日本製內衣、化妝品、肥皂，和圍巾。每年金正日還會送出瑞士製的歐米茄（OMEGA）和勞力士（Rolex）手錶。其中，有一種禮物的地位甚至在奢華手錶之上，那便是進口轎車。不過，他也只會在極少數的場合，送轎車給最親近的部屬。

然而，**慷慨的代價則是戒律**。金正日嚴格執行深夜派對的保密原則，因為他會在派對上引吭高歌，高唱他在境內禁止播放的南韓流行歌曲。一九七九年或一九八〇年，金正日曾下令處決資深官員李明濟的妻子，後者最終在國家安全局的刑場遭到處刑，而李明濟正是深夜派對上的常客之一。

原來，這場悲劇的受害者，同時也是金日成大學的教授，寫了一封信給金日成，指控他兒子是如何荒淫無道、夜夜笙歌，並希望最高領導人能將兒子導回正軌——在這封信中，雖然李明濟的妻子是個右撇子，卻故意用左手寫下此信以隱藏身分。

但這封信從未送達金日成的桌上，而是經由祕密警察，直接將信送給金正日。

2 作者按：即北韓國家軍隊最高統帥。

當時，所有寄給金日成的文書信件，都得由金正日先過濾。到了一九八〇年，金正日早已將父親金日成降級為僅代表國家顏面的角色，負責參訪工廠、農場、學校，並督促百姓「勤奮工作、增加生產力」，以及接見外賓和簽署外交文件等任務。

金正日也早在正式接班前，便已在朝鮮勞動黨組織指導部中，安插進自己的人馬和金日成大學的同儕，從而將該部會納入自己掌控。等到一九八〇年八月，金日成在第六次黨代表大會上正式宣布金正日為接班人時，後者早已從其他政府機關回收政府和軍職的最終人事權，並將其集中至組織指導部，進而將權力一把抓在手裡。就連護衛司令部第一總局——也就是保護金日成人身安全的單位——都聽命於組織指導部。

一九八〇年黨大會之後，金正日禁止黨內再召開另一次會議，如此便能鞏固金日成總書記，以及中央委員會政治局常務委員會高層的權力。北韓的下一次黨大會，得等到遙遠的三十六年後才會再度召開，當時金日成也已過世多年了。

當年，北韓花了兩個月的時間才調查出，信件作者是李明濟的妻子，而李明濟也自願處決「敵人逆賊」，在場的金正日同意了他的請求，**李明濟因此在刑場親自槍殺了妻子**。射殺妻子後，李明濟轉向金正日，請求最高領袖殺了自己，因為他是國家敵人的丈夫——畢竟，最可能讓深夜派對內幕外流的原因，便是李明濟狂歡後歸來，並在醉醺醺的狀態下告訴妻子派對上的人事物。

「我就原諒你這麼一次，下不為例。」金正日寬容的饒過李明濟的小命。李明濟在未來仍能繼續出席派對，而親愛的領導也在不久後，幫他許配了一位新太太——一名在黨中央委員會工作的年輕護士——再次證明自己是個勤政愛民的好領導。但李明濟二十幾歲的兒子李勇浩，是如何看待自己父親親手殺死媽媽，之後更娶了與自己年齡相仿的女子作為新老婆就不得而知了。

但不可否認，李勇浩的仕途也在金氏父子執政下扶搖直上，至少曾經有一段時間確實如此。李勇浩曾任北韓外務相，並於二〇一七年九月在紐約市的旅館，向全世界宣告金正恩正計畫「在太平洋進行前所未有的氫彈測試」。他也在二〇一八年和二〇一九年，隨金正恩出席高峰會、會見川普。

然而二〇二三年一月，有報導指出李勇浩在前一年被處決了。數天後，南韓的最高情報單位也證實李勇浩已被肅清，不過生死不詳。金正日曾處死李勇浩的母親，卻赦免了他的父親，也就是金正日的心腹。但金正日的兒子金正恩，對盡力服侍第一家族的李勇浩，可能沒那麼寬容大量。

對金正日來說，公開處決與讓人消失，是整頓核心圈內人士的必要方法，也是對國家施行恐怖統治的手段。到了三十幾歲時，金正日已充分展露自己唯我獨尊和善於操弄人心的性格，從餽贈禮物給部屬等膚淺的慷慨行為便可見一斑。

他是自私自利又狡詐的冷血變態，集三種黑暗人格：自戀、馬基維利主義[3]，和精神病態於一身，假以時日，這些特質也會出現在他的小孩——金正恩和金與正身上。他們對於迫害北韓民眾人權、奴役上千萬人，和迫害基督教徒有著一樣的執著。這種道德淪喪的行為可說是白頭山家族慣有的核心特質，從祖父傳給父親，還接著傳到兒子跟女兒身上。

領導人高於上帝的國度，容不下基督徒

基督徒在北韓受迫害的程度，遠比其他國家都要嚴重。非宗派性質的基督教組織「敞開的門」（Open Doors），自一九九二年起觀察世界各地的基督教迫害情形，並在二〇二二年時依照迫害程度將國家排名。**其中，北韓蟬聯了二十年的世界冠軍**。

從金氏政權誕生的那刻起，北韓領導人對基督教的壓迫不曾停止，不僅能追溯到一九四八年朝鮮民主主義人民共和國建國前，甚至可能早於同年八月十五日大韓民國建國之前。

在蘇聯指定金日成為北韓領導人那刻起，他便鎖定了宗教組織。除了打擊日本統治下的地主、資本家，這名未來的最高領導人更透過不同的「改革」手法，沒收宗教組織的資產和土地。由於基督徒的教義包括上帝凌駕於國王（領導人）之上、祖先崇拜不符基督教義，以及只有主的國度才是最終救贖等，想當然耳，**金日成視基督教為一種意識形態的威脅**。

金日成於是展開了以政治為目的的宗教屠殺，韓戰和戰後期間也有大批基督教徒遭血洗殺害。他開啟了這項世代傳承的傳統，而他的接班人也持續奉行，使**公開處決信基督教的民眾成了一種慣例**。一名脫北者曾講述，自己親眼見證公開處決那令人餘悸猶存的畫面：一九九六年，五名手腳遭綁住的基督教徒被丟在壓路機前，至於與那五名教徒一同被捕的其他二十名教徒，則被迫目睹處決過程，有些人聽到頭顱被壓碎的聲音後立刻昏厥了過去。

一直到二〇二二年，塔利班統治下的阿富汗才將北韓從第一寶座擠下，成為該

3 編按：Machiavellianism，在心理學上，指善於處理人際關係，不露聲色的表現冷淡、冷漠，和摒棄道德等特質，亦引申為不擇手段達到目的的處世之道。

年迫害基督徒最嚴重的國家，然而北韓對基督教徒的憎恨，也已十分接近塔利班的極端主義。北韓的個人崇拜和塔利班的宗教教義，都建立在極端的排他性上，而兩者也有許多相似之處，例如草菅人命的即行處決，迫害宗教、言論、媒體、集會等基本權利和自由，以及限制取得外來文化和資訊等。

作為同樣嚴密控管的國家，北韓相較之下，只在大規模屠殺和酷刑上，處理得更熟練且周全；而在北韓這個國度裡，沒有人能像美麗年輕、和藹可親的平壤公主一樣，將劊子手的精神發揮得如此淋漓盡致。然而，歷史上僅有三個國家正式承認過塔利班政權——巴基斯坦、沙烏地阿拉伯和阿拉伯聯合大公國——同時，**世上卻有超過一百六十個國家承認北韓**。

兩者在特定的迫害層面上，都享有「相對優勢」。例如，塔利班在文化滅絕和禁止女性受教育的迫害程度皆在北韓之上，但儘管北韓提供女性受教機會，並鼓吹共產政權下兩性平等觀念，實際上卻仍是一個大男人主義橫行的國家，絕非兩性平等的模範國度。對於女性的性虐待，向來也是北韓恐怖統治下常用的工具。

數十年來，北韓慘無人道的監獄中，經常上演女性受刑者被強暴和虐待的慘劇，只是幾乎不為外人所知，這也都是北韓當局縱容和知情的結果。北韓的「宗教警察」，也就是負責追捕基督徒的國家安全特務，雖然不像塔利班會公開對受害者處以鞭刑，但是他們仍然會讓特定目標，包含女性與小孩，從家裡或世上消失。

恐怖攻擊、綁架影星

一九七〇年代，在金正日成為接班人前，他早已見識過自己國家屢見不鮮的國際恐怖主義行動。接掌大位後，金正日在使用國家暴力上更加肆無忌憚，也致力蹚入假性和平[4]這趟渾水——整個一九八〇年代，**北韓曾劫持日本人、試圖暗殺南韓總統、炸毀南韓的客機**，而這些都發生於金正日掌權、父親金日成掛名的時期。

一九八三年，從鄧小平的中國與隆納·雷根（Ronald Reagan）帶領的美國間的對峙，各種表面上的假性和平，背後也都有金正日的戰績。這個政策一直持續至當年十月，北韓特務在緬甸仰光烈士紀念園區引爆炸彈，希望炸死造訪的南韓總統全斗煥，他因為遲到而逃過了一劫，但他十七名同胞和四名在場的緬甸人，就沒這麼幸運了。

4 編按：指表面上的和平，檯面下相互角力、攻擊的氛圍，即冷戰時期的國際氣氛。

而金正日喜歡收集異國美女的謠言，也隨著兩名被劫持者出面指控得到證實。一九七八年，北韓特務在金正日的命令下，綁架了南韓知名影星崔銀姬和其前夫南韓導演申相玉。身為一名影痴，此時金正日正為了振興北韓的電影產業，努力找尋藝術靈感和指引。

金正日下令綁架這對南韓伴侶的消息，在一九八六年三月流出，引起社會輿論。在被北韓拘留八年後，崔銀姬和申相玉終於重獲自由，並得以向世人訴說自己的遭遇。

一九七八年一月，崔銀姬在拜訪香港的旅程中突然人間蒸發。她遭人綁架並被施打鎮定劑，等她醒來後，發現自己身在平壤一間豪華別墅裡，四周圍繞著守衛。她的前夫申相玉，則在六個月後同樣消失。這對消失的南韓名人成了一樁懸案，直到一九八四年四月十二四日，他們倆一起現身南斯拉夫貝爾格勒（Belgrade，今塞爾維亞首都）的記者會為止。

當時，這對伴侶聲稱已在平壤重新結婚，並表示兩人自願離開南韓、投奔北韓，旨在躲避南韓政府的騷擾。南韓政府迅速回擊，說明金正日才是綁架他們的幕後黑手。隔月，崔銀姬和申相玉又重新出現在平壤記者會上，一副此生不悔入北韓的樣貌。

兩年後（一九八六年），美國政府揭露了幕後真相。**在他們被綁架的前五年，金正日從沒告訴任何一方對方也被綁架的事實**。北韓政府讓兩人分開、不得相見。崔銀姬享有不錯的待遇，經常受金正日的邀請出席電影和音樂會。申相玉一開始也被高規格禮遇，但在兩次被抓到試圖逃跑後，他就被囚禁並施予酷刑虐待。一九八二年，申相玉被迫寫下悔過書和頌歌獻給偉大領袖金日成後，北韓政府對他的態度大幅改善。隔年，金正日認為是時候讓兩位被馴服的俘虜開始上工了。

一九八三年三月，金正日把崔銀姬和申相玉找來，替他們辦了派對並對於「強制邀請」他們到他的國家，以及長時間向兩人隱瞞對方行蹤道歉。他還請這對前伴侶重新結婚，雖然申相玉當時在南韓已有了新的妻子和小孩。到了一九八四年，兩人因一同為金正日製作電影，贏得了他的歡心和信任，不過當他們出國時，仍會被北韓特務近距離監視。

一九八六年三月十三日，兩人在從奧地利維也納（Vienna）前往匈牙利、製作關於成吉思汗的新電影途中，突然從飯店逃跑，跳上計程車，並在事先聯絡好的情況下逃進美國大使館，美國也答應提供兩人政治庇護。

之後，崔銀姬和申相玉也提到金正日喜歡舉辦狂野的派對，各種關於金正日險惡和荒淫的故事隨之流出，包含綁架許多年輕女性和女孩，好讓她們在派對上擔任舞者和服務生。

崔銀姬表示，她在平壤認識了一名來自約旦的女性，她很可能就是綁架受害者之一。她也從她的北韓美髮師那裡聽說，一名年輕的法國女性，被喬裝成亞洲富二代的男性特務誘騙到了平壤。她的說法，為北韓系統性且大量誘騙、綁架外國人的謠言，增添了不少可信度。

二〇〇二年九月十七日，在一次北韓與日本的高峰會中，時任日本總理大臣小泉純一郎與金正日會面。**為了向日本索取可觀的現金，金正日承認自己先前綁架了十三位日本國民**。想當然耳，他把自己的特務形容成不受控的粗野流氓，經常未經同意下貿然行事。

然而，實際被綁架的人數其實更高，其中包含在十三歲時遭到綁架的橫田惠，北韓宣稱她罹患了精神疾病，因而自殺，但她在二十九歲自殺的傳言從未被證實。二〇〇四年，北韓將橫田惠火化後的骨灰寄至東京化驗，不過結果未有定論。唯一能確定的是，她被綁架後，被迫成了北韓特務的日語和日本文化老師，並被迫和南韓的另一位受害者配對，兩人育有兩名子女。

雖然我們無法確定被綁架的日本人人數，或者北韓在全球綁架的受害者數量，但能確定的是，金正日自一九七〇年代末就陸續從世界各地綁架他國公民，涉及包含南韓、日本、中國、澳門、香港、泰國、新加坡、馬來西亞、約旦、黎巴嫩、羅馬尼亞、法國、義大利、奧地利和荷蘭等國家。

這種國際性的恐怖行動——更別說，還在免責的情況下一再出手——在在提醒世人，**北韓總能透過全盤否定、威脅、部分「認罪」，以及偶爾的對話，讓自己從指控中全身而退。**

一脈相傳的地緣政治玩家

回到一九七二年，當金正日還是父親的學徒時，他觀察了能言善道的父親如何讓外國貴賓，甚至是美國人留下深刻印象。一九七一年七月，時任美國總統理查・尼克森（Richard Nixon）的國家安全顧問亨利・季辛吉（Henry Kissinger）率先訪問中國，隔年二月尼克森也親自訪中，使中美關係迅速解凍，而這樣的變化也出現在南北韓、也就是中國和美國各自的從屬國之間。

金家第一代領導人對地緣政治的風向看得透徹，也知道什麼時候要擺出和顏悅色的模樣。他的兒子學到金日成的精髓，在二〇〇〇年與時任韓國總統金大中一起舉辦南北韓高峰會；四個月後，金正日接待了時任美國國務卿瑪德琳・歐布萊特

（Madeleine Albright）；這時的他，已想著在不久的未來，接待夢幻貴賓——時任美國總統比爾·柯林頓（Bill Clinton）。這兩次都是史無前例的來訪，不論是事實上，還是製造朝鮮半島一片祥和的假象方面皆是如此——**儘管這些參訪本質上相當無益，只讓情況變得對北韓更為有利**。

二〇一八年初，金正恩也有機會證明，自己青出於藍而更勝於藍。當年二月時，他讓妹妹將砲口對準南韓；在隔月，他則邀請時任美國總統川普參與高峰會：在經過兩年的威脅和挑釁後，與當年相同的劇本再度上演，只不過二〇一七年時，世界已見證了北韓的三次核武試驗、近五十次導彈和三次洲際彈道飛彈試射。

金正日於一九九四年登上王位時，他完全駕輕就熟，畢竟他早在數十年前已成為實質上的領導人。接下來的六年，他從未與任何外國領導人碰面，也沒有踏出北韓半步。他過著優渥的好日子，並同時以王子、美學家、各類主題論文的作家[5]、美食家、享受生活的億萬富翁、花花公子、外國人綁架者，握有核武的獨裁者和騙子的身分活著。

儘管擁有聰明才智，金正日卻選擇讓家人隱姓埋名，對國內外敵人施以不同程度的騙術和暴力。祕密、無情，和言行不一的作法，都是治理國家的根本工具，甚至是獨裁者終生受用的準則。

許多人普遍認為，一九九四年金正日掌權後，他因為精神失常而無法有效統治他殘破不堪的國家，美國國務院似乎向來認為，這個被稱為朝鮮民主主義人民共和國的政體，必定很快就會步上一九九〇年東德的後塵[6]。北韓的最大盟國蘇聯在一九九一年解體的事實，似乎也「佐證」了這項理論。

然而，這種樂觀的看法在金正日於一九九八年八月試射導彈、飛越日本領空後不攻自破。由於這樣的武器試驗，對自己的關鍵盟友構成實質威脅，美國不得不出手安撫北韓，甚至在隔年將對朝鮮的食品援助增加至近三億美元。

然而，北韓真正的搖錢樹其實近在咫尺——北緯三十八度另一邊的南韓。在北

5　作者按：金正日是相當多產的作家，自一九五二年十一歲（官方紀錄為十歲）時開始寫作。一直到二〇二一年十二月，朝鮮勞動黨出版社仍在努力追趕出版他文學著作的速度。同年十一月，它們才剛出版了他的作品《金正日全集》第四十一卷。可能要直到二〇三〇年代，才會發布最後一卷，將讀者帶到二〇一一年十二月十七日，這位不知疲倦的前最高領導人在行駛的火車上努力筆耕，直到嚥下最後一口氣（截至二〇二三年十二月，出版至第五十八卷）。

6　編按：二戰結束後，德國被戰勝國分別占領，其中蘇聯占領區於一九四九年成立德意志民主共和國，即事實上實施社會主義的東德。一九九〇年東德併入實施民主共和制的德意志聯邦共和國（西德），兩德統一，即今日的德國。

韓眼中，南韓也跟美國一樣，需要被教訓一番。如同對付美國，從鄰居那裡籌措資金的正確方式，**並不是當個溫良的懇求者，而是透過毫不客氣的軍事勒索**。在經過一段時間的威脅和低程度衝突後，偉大領袖的心情，終究會撥雲見日。

如果想避免戰爭，就帶著禮物來談

既然金氏家族能將如此黑手黨式的脅迫手法運用得爐火純青，甚至發展至國家規模，那他們就沒必要循規蹈矩、按部就班的遵循國家傳統的發展模式——研究、創新、發展、投資和自由市場競爭。這是金正日向他的繼任者傳授的最重要外交教訓之一。

一九九九年六月，北韓巡邏艇時常護送多達二十艘北韓漁船，侵犯朝鮮半島西部的南韓領海。在短短八天的時間裡，各種警告、威脅及船隻相互碰撞的衝突事件逐漸升級。同年六月十五日，一艘北韓巡邏艇對南韓船隻開火。南韓的水手還擊，並造成重大損害，可能造成數十名北韓水手死亡，而南韓方沒有任何傷亡。

南韓雖然贏下了這場小規模衝突，但是**草菅人命的北韓政府，才是輸了面子、贏了裡子的那方**。即便是戰敗方，**北韓也在敵人心中種下了對衝突升級的恐懼，和**

對綏靖主義[7]**的渴望**。比起北韓，富裕的民主南韓有更多把柄和東西能失去，這意味著平壤的任何和平提議，無論多麼明顯虛假或不懷好意，都不容被忽視或拒絕。

隨後一週發生了一起事件，地點位在南韓遙遠的東北城市束草。當時南韓漁民看到一艘浮出水面、被困在漁網中的北韓潛艇。起初，漁民報告：北韓水手試圖解救潛艇未果。數天後，一艘韓國護衛艦將損壞的潛艇拖回其東海的海軍基地，潛艇內的北韓船員已無生命反應——在被拖入港口的過程中，潛艇沉沒了。

三天後，潛艇被打撈上岸，潛艇內有九名死亡的北韓人，其中四人頭部中槍身亡，還有武器和其他軍用裝備。**潛艇內還發現了南韓品牌的飲料——這是已完成登陸任務的象徵**。這場明顯為殺人後自殺的事件，使得南韓民眾深感不安。同年十二月，還有另一次衝突發生在南韓南部沿海城市驪州，當時有人目擊到一艘北韓潛水艇出現。

隨著新世紀的年關將近，在將美國、日本和南韓玩弄於手掌心近兩年後，北韓認為是時候來點大轉變了。它對南韓釋出訊息：對峙可能迅速升級為交火作戰，最

7 編按：又稱為姑息主義，指對侵略勢力作出讓步，以暫時避免衝突的外交政策。

後演變成全面戰爭。**如果想避免戰爭，就帶著禮物來和我們談談。**

隔年，最高領袖金正日的態度由激動狂暴變為溫順平和。他踏上了「洗心革面」之旅：變得和藹可親、善於社交、理性、崇尚和平、具改革思維、能容忍美國在南韓駐軍，並願意放棄核武和導彈計畫。

至少，這是二〇〇〇年六月訪問平壤的南韓總統金大中堅持的看法，這也預示了之後的文在寅將步上一樣的後塵——在與金正恩和金與正多次會面後，他仍選擇盡力捍衛北韓皇室。

但與自己的父親不同的是，或許金正日留給後世最深刻的遺緒，便是他培養了不只一位、而是兩位專橫跋扈的潛在領導者。而且至關重要的是，其中一位還是名女性。

第 6 章

不能說的國家頭號機密

北韓民眾從小就被教育，除了被動接收官方的資訊外，主動的關心與好奇第一家庭的事，是種褻瀆的行為。

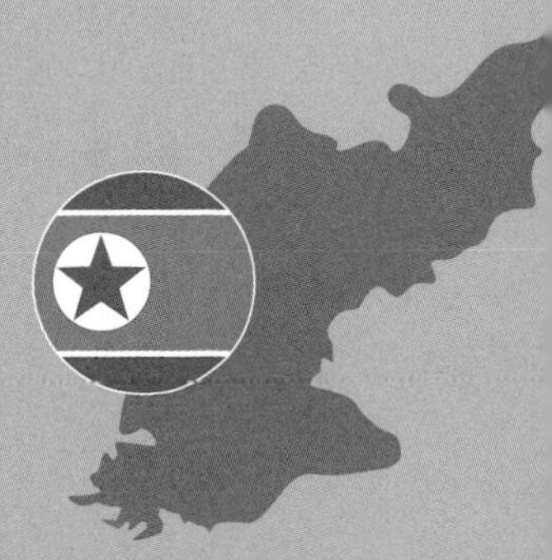

多數北韓民眾都不知道，金正日究竟有多少妻妾跟小孩，就連政府高層也不例外。他原本讓小孩在家自學，接著為了隱藏他們的身分不被其他同儕所知，他將小孩送出國，至瑞士的日內瓦（Geneva）、伯恩（Bern）和蘇聯首都莫斯科讀書，因為那邊的學童，只會把他們當作一般同學看待。

不過，這麼做的目的不光是為孩子好，金正日也想守護自己的利益：**他要盡力減少孩童對他揮霍或放縱無度的耳語**，例如他對美酒佳餚的追求，或是觀賞詹姆斯・龐德（James Bond）系列電影及南韓電視劇，而不小心觸犯北韓所謂的「叛亂思想」——畢竟如果庶民這麼做，將會招致刑罰。

關於金正日子女的基本資訊，直到二〇〇九年以前都是不公開的機密，而金正恩是繼承人一事，一開始也只有內部人士知情。二〇一一年十月時，也只有少數幾名人士認出身著傳統黑色洋裝、出現在金正日靈堂的年輕女性，就是金與正。

北韓官媒第一次釋出金正恩、金與正和金正哲的照片，是在二〇〇九年四月二十七日。雖然照片上沒有標註名字，但他們很明顯正是金正日時年二十歲左右的三個小孩，他們前一天跟著父親臨時造訪元山農業綜合大學，三人與服侍過前兩任最高領導人（將在未來服侍第三任）的老臣、兼北韓宣傳煽動部教父金基南，在陽光照耀下的大松樹前合照。

從姓名到樣貌，都保密到家

金正恩穿著深色毛式中山裝（簡稱毛裝），擺出他標誌性的硬漢姿勢——雙臂伸展，拳頭輕輕握緊，一副相撲選手和超級英雄的形象。在金正恩的左邊，是同樣穿著毛裝、德高望重的宣傳部老臣，而那位老臣的左邊，則是他的得意門生金與正，她也擺著類似金正恩的姿勢。而未來領導人的哥哥金正哲，則穿著西裝站在弟弟右邊。

三名孩子顯然正在向大師——他們的父親——學習現場指導群眾的奧祕與複雜。待訪問結束後，幾人返回他們最愛的別墅，也就是金正日在元山市的豪華莊園。這是北韓官媒首度公開包含金正恩或金與正在內的照片。在當時北韓以外的世界，鮮少有人知道他們的身分或名字。

二〇一〇年九月，北韓政府首度公開金正恩的名字，幾天後他便以繼承人之姿站在父親身旁，一同出現在金日成廣場觀望臺，慶祝十月十日朝鮮勞動黨創建日。**在這之前，各國政府幾乎沒有人認識他或知道他的名字**，南韓國家情報院只認為他應該叫「Kim Jong Woon」。**至於金與正，就連與北韓第一家庭、政府高層關係密切的中國，都一直搞錯她的名字。**

金與正多年來在中國的媒體裡，都被稱為金如真或金如靜，這或許是因為，就連中國政府也不知道她的真名。直到朝鮮中央通訊社於二〇一四年三月九日，當時金與正陪同哥哥去金日成綜合大學出席最高人民會議投票時，第一次公布她的真名為止。

同年四月五日，北韓國家電視臺「朝鮮中央電視臺」將金與正的名字，與其實際樣貌連結在了一起，指出她就是金正恩身旁的那位女性，並以「朝鮮勞動黨中央委員會高層」稱呼她。不久後，金正恩以百分之百的同意票，當選第一百一十一號白頭山選區代表，金與正在上個月（二〇一四年三月）也被近距離拍到投票給哥哥的身影。

如此保密到家，在北韓是稀鬆平常的事。就連朝鮮勞動黨的官方新聞《勞動新聞》也直到二〇一〇年九月三十日，才第一次刊登金正恩的官方照片，並稱其為朝鮮勞動黨中央軍事委員會副委員長。

在此時的三天前（二〇一〇年九月二十六日），金正日才剛指派自己最小的兒子及妹妹金敬姬為四星上將。這登上了頭條，年僅二十六歲的年少繼承人坐在前排中央，距離父親右手邊第兩個位置，兩人中間夾著次帥李英浩[1]，後方背景是錦繡山太陽宮，這是金正日於父親一九九四年過世時替他打造的陵寢，其奢華程度舉世無雙。或許金正日心想，有一天他也會隨父親葬在那裡。

金正恩背後站著的是崔龍海，他長期以來深受金正日信任，根據偉大領導人的心情，經常為國家的第三或第四把手。金敬姬的丈夫，也就是金正日的妹夫張成澤，則多年來為第二把手，他身穿兩件式西裝站在金正日背後。

出了北韓，只有一人能認出元山市照片中的金正恩、金正恩的哥哥金正哲，和妹妹金與正。這個人就是藤本健二，他在二〇〇一年四月離開平壤前往東京採買後，就再也沒有回到北韓。當時只有少數人知道他與北韓皇室的特殊關係。

然而，藤本健二在二〇〇三年寫了一本書，許多人對藤本指出金正日立最小的兒子為接班人抱持懷疑看法。根據藤本健二的說法，金正日常說金正哲很「女孩子氣」，藤本也認為這名長子對政治沒有興趣，也沒有從政該有的氣魄與天賦。

在金正恩執政時期，金正哲似乎樂於享受鎂光燈外的低調生活，除了跟音樂家同好一起在平壤演奏吉他外，他偶爾還會參加艾力．克萊普頓（Eric Clapton）在德國、新加坡和英國舉辦的演唱會。藤本健二也曾在不同的媒體專訪中表示，**金正**

1 作者按：後於二〇一〇年七月遭金正恩肅清。

日向來只將最小的兒子金正恩和老么金與正視為領導人的料。

隨著時間到了二〇〇九年，藤本健二奠定了他料事如神的先知地位。二〇〇八年九月，各國政府還不知曉金正日於上個月中風的消息。鑒於嚴重性，醫療專家認為偉大領導人至多只剩五年的壽命，而北韓以外的國家，根本沒人知道金正日會將接班人大位傳給哪個孩子。

基於長幼有序，多數人認為接班人將會是金正哲（金正男雖然為長子，但是其阿姨成蕙琅的叛逃，早已讓他從繼承名單上被除名）。二〇〇九年一月，南韓媒體報導金正日通知朝鮮勞動黨中央委員會組織指導部，他已選定金正恩作為接班人，日期還剛好落在金正恩的生日一月八號。這讓藤本健二一夕爆紅，因為他成了北韓外，唯一精準預言金正恩接班的人。

假身分不僅好用，還能翻轉命運

雖然國際媒體掌握了少部分關於金正日妻妾、情婦和小孩的內部消息，北韓也試圖以假資訊來誤導外界，例如：金正日的小孩，皆以假身分在國外讀書。一九九六年，金正恩與金與正前往瑞士，他們的哥哥金正哲則早了兩年，並使用假名朴哲（Pak Chol，音譯）；而在瑞士首都伯恩德語區的李伯菲爾德—施坦因霍爾茨里（Liebefeld-Steinhölzli-Schule）公立學校中，金與正的身分是朴美香（Pak Mi Hyang，音譯），金正恩也以朴恩（Pak Un，音譯）的身分就讀同一間學校。

金與正至少還有另一個假名「朴鍾順」（Pak Jong Sun，音譯）；二〇一八年二月金正恩持有的巴西護照，上面寫的名字是約瑟夫・普瓦格（Josef Pwag），金正日也有名為崔伊宗（IJong Tchoi，音譯）的巴西護照，兩者皆是於一九九六年二月二十六日，在捷克首都布拉格（Prague）的巴西領事館辦的。許多派駐在國外的北韓官員，同樣持有不同名字的護照。

李洙墉從二〇一四年至二〇一六年任北韓外務相，他在一九八〇年前，曾到瑞士出任駐日內瓦代表團公使，同年金正日的長子金正男也開始就讀日內瓦國際學校，李洙墉也在瑞士伯恩的北韓大使館待到二〇一〇年為止。

在這數十年的光景裡，他的首要任務就是金正日兒女的資深監護人，並化名為李哲（Ri Chol，音譯）。一九八〇年，李洙墉出席了日內瓦國際學校的開學典禮，當時正進入晚夏，所有新生都在學校的圓形劇場裡，拿著自己國家的國旗，除了一名亞裔男孩。

他正是金正日的長子金正男，當時年僅九歲。南韓的代表盧信永也在場，他以為眼前的男孩只是個普通的南韓孩童，便親切的問他來自哪裡。這名平壤出生的王子不假思索的說：「**我來自朝鮮民主主義人民共和國。**」這個回答讓對話戛然而止，也令金正男身旁的保鏢大鬆了一口氣（**作者當時也是一名在場新生，手裡拿著南韓國旗**）。

二〇〇一年五月，金正男以及兩名女性和小兒子，因持有偽冒的多明尼加護照（護照寫著中文名字「胖熊」）被滯留在東京成田機場。海關人員詢問造訪緣由，金正男回答他要帶兒子去迪士尼樂園，而他跟同行的旅客最後被遣返回中國。

不久後，有消息開始在平壤權貴圈內傳開——金正恩的母親高英姬透過旅日朝鮮人總聯合會的線民，向日本官方密告：有一名持有假護照的北韓人即將通關。**為了年幼兒子算計潛在對手，也許能被解讀成某種母愛的表現。**

金氏家族使用不同的假身分，主要是為了預防及躲避各國政府的耳目。然而，他們的身分同時也是得向北韓人民隱瞞的重要資訊，例如金正恩和金與正的母親高英姬，就是個令人尷尬的案例——她從未在法律上與金正日結婚。

雖然這不影響她在普通法婚姻裡的妻子身分，或是改變她是孩子母親的事實。不論是感情親密度或是陪伴時間，她始終是金正日最鍾愛的伴侶，也無疑扮演著實質上的妻子角色。但除了金正日的親信以外，幾乎沒有人知道她的存在，北韓政府也從未釋放出她與金正日的合照，就連她在一九七〇年代末成為檯面下的第一夫人後也是如此。

這種隱姓埋名機制，也同樣出現在金正日的其他情婦上。就算在半神權政治的操作下，金正日與多位女性同時保持複雜的情感關係，仍需要慎思裁量，背後原因並不在於被大眾發現後，會讓最高領導人多難堪，而是為了守護接班人的合法性。

更重要的是，高英姬出生在日本一事也必須列為國家機密，北韓人民或許能接受自己帝王的風騷浪蕩，**但高英姬的出生地可能造成繼位上的麻煩，畢竟白頭山家族統治的正當性基礎，正建立在金日成的抗日戰爭上。**

金氏兄妹若不姓金，永世是底層

高英姬於一九五〇年或一九五二年六月二十六日，出生在日本大阪。一九一〇年至一九四五年的朝鮮半島，尚處於日本殖民時代，高英姬的父親高京澤是濟州島人，而如同當時多數韓國人[2]，他也舉家遷到日本。他在日本戰爭部經營下的紡織廠工作，後來全家於一九六二年的大型遣返計畫中返回北韓，高英姬後於一九七一年加入萬壽臺藝術團成為舞者。

若非有幸遇見金正日，高英姬的人生際遇可能會非常不同，也不可能生下未來的最高領導人。如果不是金正日，她的舞蹈生涯結束後，她跟家人及未來的小孩，很可能得在孤立的村莊中過著艱苦的生活，為什麼？

因為金日成「活用」過去朝鮮王朝的階級制度，即以人的「出身成分」，將北韓全體國民分為三大階級：高層的忠誠階級、中層的動搖階級，以及底層的敵對階級（高達五十一種不同類別），這種階級名稱，即反映出白頭山統治者觀點下的喜好厭惡排序。

朝鮮勞動黨於一九五七年五月三十日通過法令，開啟了這個劃分社會階級的系統。**社會階級制度下的「出身成分」便能左右北韓民眾的一生**，在民眾所能獲得的住所、教育、工作和食物配給背後，扮演著關鍵因素。

就第一家庭觀點而言，最能信任的是抗日革命分子、韓戰老兵及其家屬，這些人屬於核心階級。解放前的農夫、黨內白領工作者、軍職和公職人員也深受領導階級信任，因此也被納入核心階級。不過，知識分子須受到額外監控。至於解放後的工人、個體農戶、小型企業家，和流動工人屬於動搖階級，多數人皆被嚴密控管。

而從日本遣返的韓國人，以及富有的大地主、基督徒、佛教徒、薩滿教，和其他一九四五年至一九四六年間被規範的宗教信徒，則屬於底層的敵對階級——那段時間恰巧是金日成崛起之時，他對宗教的迫害正如火如荼的展開，導致這些群體的家屬不是被打入大牢，就是遭處決身亡，他們的下一代也在出生時就被打入底層。

也如金與正在二〇二〇年六月四日，和二〇二一年五月二日所寫的抨擊文章那樣，**那些鼓起勇氣、蒐集資源逃離國家的脫北者，經常被北韓政府冠上人渣、賤民、混球的惡名**。他們有幸免於囹圄或處決的家人，也會被國家加強監視。

如果金正恩、金與正，及他們的哥哥並不是最高領導人的後代子嗣，根據他們母親的結婚對象，他們可能也無法倖免於落入底層的命運。當然，如果他們的母親沒有遇到金正日，可能根本就不會有金正恩或金與正的出現。

但不論怎麼說，由一名被遣返的日籍婦女所生的兒子，來統領一個由抗日神話英雄所創建的國家實在太過於衝擊，因此這段「不堪回首」的歷史必須從北韓民眾眼中被抹去。這件事似乎連金日成也不知情，雖然他知道長孫金正男生母的事[3]，仍對他呵護至極，但是濫情的兒子與一名日籍女子組成另一個家庭，這絕非能等閒

2 編按：指自一八九七年建立，至一九一〇年日本殖民後滅亡的「大韓帝國」。

3 編按：即前文所提，金正日與演員成蕙琳生下了金正男，但金日成並不贊同這段關係。

視之的插曲。

後來在金正恩上任後，北韓政府尚未公布任何一張金正恩或是其妹妹與祖父的合照。不過，杜撰、偽造紀錄和將「非人[4]」從歷史中抹去，正是宣傳煽動部的專長，例如北韓過去就曾被抓包合成許多照片，這樣明目張膽的動作也與其他相似政體的國家如出一轍。因此要創造出一張假設一九九二年，八歲的金正恩與五歲的金與正坐在爺爺腿上的照片，並非太困難的差事。

然而北韓卻遲遲不敢做出此舉，或許是因為背後牽扯的因素太過複雜。釋放如此「精心加工」過的照片，絕對會引起國際關注。北韓人民很懂得怎麼把疑問壓在心底，但那些脫離北韓、重新定居於南韓等自由國家的人，一定會大肆分享這樣的資訊，並竭盡全力傳至北韓境內。金正恩或許最後認為，防止大眾關注他跟爺爺疏離的關係是更佳的作法。

不過，第一家族裡還有個更大的問題，阻礙著北韓民眾崇拜金正恩的亡母。

不能外揚的家醜，叛逃的姨媽

金正恩的姨媽、高英姬的妹妹高英淑，曾於金正哲、金正恩和金與正在瑞士求學期間照顧過三個孩子。然而一九九八年，她與丈夫和三個孩子一同向美國投誠——一個北韓視為頭號大敵的國家。

北韓至今依然嚴格實施中古世紀流傳下來的連坐法，也就是**如果一個人被判定為叛亂分子，那麼這位叛徒將會被誅族三代，或者其家人將會被送往集中營，就連嬰兒和幼童也不例外**。根據北韓的「習慣法」，金正恩連同哥哥和妹妹、父親金正日、母親高英姬與其還在世的父親，都要因為姨媽投誠美國而一起被送去勞改。

然而事情並不僅於此，還有第三個國家機密。

金日成的父母，是有上教堂習慣的基督徒。他的母親康磐石是牧師的助手，父親金亨稷則就讀平壤的崇實大學，這是一所由美國長老教會傳教士裴偉良（William Baird）所創立的基督教學校。後來成為北韓第一代偉大領導人的金日成，兒時也曾在教堂彈奏過鋼琴。

如果金日成並未成為抗日英雄，他的兒子金正日很可能一出生、眼睛睜開的那刻起，就見證底層民眾貧困不堪的生活。哪天他家人的歷史若不幸遭祕密警察起

4 編按：指北韓政府認為不名譽、不忠誠，甚至已被肅清的人士。

底，還可能被送往集中營。身為一九六〇和一九七〇年代的最底層階級和經濟上的弱勢群體，他也不會有機會欣賞南韓的電視劇和電影。假設有人發現他偷看，他也會在眾人的面前遭到處決。

若白頭山家族的家醜哪天真的外揚，可能連北韓最有才華的宣傳部部長都無法收拾。**依據金日成訂定的階級制度，金正恩是不合法的統治者，他的妹妹跟孩子也是。**他們的棲身之地，應該是勞改營而非宮殿。他們的命運應當是一生窮困潦倒、飢寒交迫，而非榮華富貴和權力在握。

因此，如此資訊必須被帶進墳墓，如果不幸走漏，知情人士也應該懂得守口如瓶。北韓人民都知道，不要過問第一家庭的事，民眾從小就被教育，除了被動接收官方的資訊外，主動的關心與好奇，是一種褻瀆的行為。而且，洩露關於第一家庭不光彩的事實，也會葬送自己的仕途。

投誠者則是另一個問題。那些逃離北韓、到處散播這個國家內幕情形的「人渣」——金與正與她麾下粗魯的官員對這群人的稱呼——應該被永遠禁音。離開北韓後大爆金氏王室的料或許令人爽快，至少也能使大眾興味盎然，但這麼做也可能導致自己死於非命。

背叛家族，死路一條

金正日的外甥李韓永於一九八二年投誠南韓，後來在一九九七年二月，遭金正日下令暗殺身亡，理由是他寫了一篇揭露北韓第一家庭私生活的文章。李韓永雖然為個人安全在南韓動了整容手術，兩名埋伏在他臨時住所（李大學友人鄰近首爾的家）外的北韓刺客，依然在二月十五日這天朝他腦袋開了槍，這天是金正日生日的前夕，如此時間點絕對不是巧合。調查顯示，案發的前四個月間，數名北韓間諜一直試圖找出目標的位置。行凶當天，一名女子也偽裝成女子雜誌的記者致電李韓永友人，詢問李什麼時候會回家。

二十年後的二〇一七年二月十三日，金正日生日三天前，金正恩的同父異母兄長金正男也在吉隆坡國際機場遇刺身亡。當時，所有指責的矛頭都指向金正恩，而金正男足以引來殺身之禍的「罪名」，便是公開批評他的父親於二〇〇九年立金正恩為接班人。其實在當年，**金正男已成為北韓無限期鎖定的目標，也成為美國和南韓情報單位接觸的線人**。

在這兩起謀殺案中，被害人都踩到了北韓領導人的底線——抖出各種第一家庭的祕辛。最高領導人與其繼承人的神聖和不可侵犯可不容挑戰，即使要等待多年後才能讓目標伏法，北韓政府也在所不惜。

這兩位被害人的過去也有不少交集：李韓永的母親成蕙琅，從外甥金正男三歲起便拉拔他長大。金正男的母親成蕙琳長期飽受精神疾病之苦，從一九七四年至二〇〇二年過世為止，都待在莫斯科治病。成蕙琳經常將疾病怪罪在她生下金正男不久後，便與金正日於不同豪宅同居的兩名女性。

一九八〇年代和一九九〇年代，成氏姊妹曾精準預測，金正哲和金正恩會對金正男造成威脅。成蕙琳最終被金正日拋棄，孤單一人死去，葬於莫斯科郊外的特洛耶庫羅夫科耶公墓。

李韓永的暗殺事件，時刻提醒著金正男踰矩的危險——這並非他第一次失去對金正日造成威脅的家人了。如前文所述，金正日與同父異母的兄弟關係緊張，因此也安排除掉了老么金賢。由於金正男與叔叔金賢同齡，他們一九七九年時也一起住在莫斯科，由金賢的母親照顧。

金賢、李韓永和金正男的下場，說明了鞏固白頭山血脈統治的代價，金與正也是其中的一分子。忠誠耿耿和戒慎恐懼，才是駛得萬年船的方法。任何家族祕辛，不論是北韓最高領導人的母親在日本出生，或是身為投誠者的表親，都必須不惜一切代價保密到家。

第 7 章

要我讓步？帶禮物來見

金正恩與金與正，特別善於使用肢體語言來滅別人銳氣、長自己威風。畢竟他們學習的對象可是這方面的泰斗：他們親愛的父親。

在備受外界關注的國外領導人會面中，金正恩與金與正，都是極為年輕的領導人。然而，他們在面對資歷更深的外國領導時，卻總是能展現出從容不迫、不卑不亢的一面。就像所有皇室的公主與王子，他們從小就接受特訓，知道如何在任何場合都展現安心定志及貴氣十足的樣貌。

如果交手的對象是南韓，這對兄妹的自信心也可以提升至囂張跋扈的程度。他們知道如何挑撥族裔情緒、懂得如何玩弄故作矜持的炫耀及操弄話術。簡言之，他們善於使用肢體語言來滅別人銳氣、長自己威風。畢竟他們學習的對象可是這方面的泰斗：他們親愛的父親。

訪問平壤的代價，一次五億美元

二〇〇〇年，金正日會面時任南韓總統金大中，金正恩當時年僅十六歲，妹妹也要再等三個月才會滿十三歲，兩人當時可能還無法完全體會父親宰制對方的懾人氣魄。

七年後，時任南韓總統盧武鉉來訪北韓，他是第一位跨過三十八度線的南韓總統。那次的拜訪，從頭到尾都帶有外交目的，兩位年輕人也對父親的運籌帷幄印象深刻，並學到寶貴的一課。

二〇〇七年十月二日早上九點許，金大中的指定接班人盧武鉉在韓國青瓦臺發表演說。「如果二〇〇〇年的兩韓高峰會，開啟了南北韓關係的新契機，」他以合宜的嚴肅語氣說道：「那麼我希望這場會議，能搬開擋在前方路上的大石，並加快我們拖延的步伐，大步前行。」他接著承諾道，會為朝鮮半島帶來永久和平。

隨著他的車隊離開總統官邸，車道旁上千名民眾拍手祝福、夾道歡送，出了官邸外的南韓街頭也能看見支持者。抵達邊界時，盧武鉉及第一夫人下車、走向分界線，分界的另一邊站著一行等著迎接的北韓官員，由金正日的親信崔龍海領頭。

在一片陰天下，盧武鉉面對南方，妻子則站在一旁。他開口說：「今天，我以總統的身分跨越這條邊界，等我回來之後，希望會有更多人追隨我的腳步。」接著以刻意放慢的姿態走入北韓。

平壤的街頭擠滿著北韓人民，個個手拿類似啦啦隊彩球的粉紅塑膠花。最高人民會議議長金永南，跟盧武鉉一同站在車隊的露天休旅車上。車隊最終停在四二五文化會館——一座長達一百七十六公尺的建築，設有能容納六千人的戲劇院。金正日選擇在此與盧武鉉見面，只不過，這次的他並不像二〇〇〇年見到金大中時伸出雙手迎接，而只伸出了右手作為見面的問候。北韓儀隊則擺出了傳統的踢正步表演以示歡迎。

由於此時，盧武鉉距離卸任只剩五個月時間，因此亟欲創造一件豐功偉業來奠定自己的歷史地位。他百般想討東道主的歡心，因此他的隨從中也有些不尋常的人員——除了官員和保鏢外，他還帶了韓國國寶級御膳師傅韓福麗，她手下還帶了九名廚師。

這支廚師團隊，將從南韓八個地區和濟州島各地收集而來的精緻美食，製作成宛如人氣戲劇《大長今》裡的奢華宮廷宴席。金正日據說是該劇的大粉絲，尤其欣賞飾演女主角的李英愛。盧武鉉藉此「主導」了第一天晚上的活動，由廚師負責準備在劇中能看到的種種料理。

他還帶了許多套DVD，包括其他南韓電視劇和電影，還有三星（Samsung）、LG的電視和DVD播放器——這可能違反了聯合國安全理事會第一七一八號決議。該決議針對北韓於二〇〇六年十月宣布的核試驗，作出一系列制裁，包括限制商品貨物入境。

此外，盧武鉉還帶來許多不同的餐具組，和南韓各道產的茶葉。然而在所有的禮物中，最出彩的莫過於一面八幅十二長生圖屏風——共繪有十二個象徵長壽的物品和動物。對冷酷的獨裁者送上這件禮物，或許不是個明智的決定。

南韓第一夫人穿著韓服出席宴會，傳統服飾彰顯了夫人修長優雅的身線。但就像多數南韓人，她面帶著壓抑的笑容。而宴席的主角**金正日則無故缺席，沒提供任何解釋或理由**。

鏡頭轉回南韓，彼時首爾舉辦了一場戶外音樂會，熱情的民眾舉著白底繪有藍色朝鮮半島的統一旗，並演奏著傳統韓國鼓，渾然不知在宴席上，自家的官員一片愁雲慘霧，整場對話與關係的基調已成定局。

二〇〇〇年時，據說金正日向金大中的北韓行程索取了五億美元——四．五億美元由現金支付，剩下的是物資救濟，只為換得拜訪平壤的機會[1]。到了最後一刻，金正日還將高峰會的時間延了一天，因為那四．五億的款項，因作業疏失的關係還未到帳。同時他也透過保持微笑來向世人展現自己敦厚、人性的一面，這足以讓外界集體失憶，忘卻他刻意餓死人民、公然處決罪人，和設立集中營來對付政治犯等惡行。

1 作者按：官方表示這筆錢是援助，但是在首次南北韓峰會召開前的一筆祕密款項卻引發了輿論。相關消息曝光後，涉嫌賄賂的幾名南韓官員最終入獄，而金大中總統卻未受牽連。

二〇〇七年，盧武鉉訪北韓的行程更讓金正恩與金與正學到一課：**要讓對方知道誰是老大**。隔天早上，金正日前往盧武鉉下榻的飯店，與他坐下並展開兩小時的對話。在開放記者提問環節，盧武鉉感謝金正日前一天招待，這名領導人則微笑回應道：「我沒有理由像病人一樣，待在家空等啊！」不過沒人知道，金正日是否有告知對方自己缺席宴會的合理原因，如果有任何相關資訊的話，南韓政府和媒體肯定會為了讓盧武鉉保住面子而大肆報導。

綜觀來說，當早的談話不如盧武鉉的預期，金正日對他的提議「毫無反應」，到中午就離開了，留下盧武鉉與隨行團隊和南韓媒體自己用午餐。而在下午的對談中，相機快門聲此起彼落之際，北韓敬愛的領導人坐在木製會議桌後，提出了充滿自身地位風格的問句：「我們何不延後今天的討論事項，到明天再談？這樣就能慢慢享受一頓悠閒的午餐。」

金正日也臨時安排了一場晚宴。盧武鉉卻相當意外的婉拒了邀約，心裡已經猜到臨時多待一天，會讓自己看起來更像任人擺布的玩偶。然而，將下午談話延至隔天早上，早已讓金正日又得了一分。

隔天的會面，將是「不成功便成仁」的決定性時刻——盧武鉉至少得產出一則有金正日簽字的共同聲明。否則南韓的名嘴一定會大肆批判，炮轟此趟拜訪行程不具任何意義。

南韓的「勝利」：花費上百億美元，在國安上讓步

當晚，盧武鉉受邀觀賞一場大型戶外表演，包含上千名歌手、音樂家、舞者、體操選手，和武術家。但此時陪伴他的，是有名無實的國家領導人金永南，金正日顯然有急事要辦。盧武鉉的地位，也明顯比不上當時的美國國務卿歐布萊特，她於二〇〇〇年十月訪韓時，金正日笑臉吟吟的跟她一起在看臺上觀賞演出。

盧武鉉訪問北韓的最後一天行程時，金正日連日的小動作，已讓盧武鉉的內心起了波瀾。盧武鉉處處退讓，金正日卻絲毫不動。六年後（二〇一三年），南韓的執政黨——盧武鉉在任時的反對黨——透露盧在二〇〇七年十月四日，與金正日漫長的四小時談話中，**前者為了取悅對方不惜退讓底線，例如答應不只在經濟，而是連在國家安全上也讓步**。

流出的逐字稿顯示，盧武鉉同意南北韓的海上分界線應該南移，就像北韓多年來堅持的那樣。這並非高峰會上一時興起就能搪塞過去的發言，畢竟南北韓為了分界線，曾在一九九九年、二〇〇二年，還有之後的二〇〇九年爆發過多次嚴重海上

衝突。二〇一〇年三月，北韓潛艇還向南韓巡邏艦發射魚雷，炸死了船上四十六名船員。盧武鉉的支持者則堅稱，該份逐字稿被人動過手腳。

逐字稿的內文還提到，盧武鉉告訴金正日在自己與外國領袖見面時，曾多次化身「金正日代言人」跟外國領袖談及核武計畫，還有在過去五年間，自己是如何替北韓在六方會談中「撐腰」以及向美國「據理力爭」[2]。

盧武鉉跟金正日說，他認為滙業銀行因存有經洗錢後的兩千五百萬美元北韓資金，而在二〇〇五年被美國制裁是「有違正義的錯誤」。並表示自己回絕了「五〇二九操作計畫」（Operations Plan 5029，簡稱 OPLAN 5029），這是南韓與美國為因應北韓可能造成的動盪或社會失序，共同準備的應急計畫。

為了達成共識而顯露出的躁進，讓盧武鉉的訪北韓行程，最終只收穫一則單方面聲明，再度重申兩韓統一將會由「朝鮮民眾決定」，也就是暗示「**依照北韓立場，美國不得介入**」。該立場甚至成了北韓宣傳統一政治思想的網站「由我們民族自己」的名字。

支持二〇〇七年高峰會的南韓民眾，宣稱盧武鉉在回國後制定海上和平區的協議，能讓兩國漁船自由航行，還能讓民船直接通過海州灣[3]水道（會後簽訂的《北南關係發展與和平繁榮宣言》第五段）。但問題是，這些沿海區域的海上基地都戒備森嚴。

姑且不論雙方戲劇性放下武器的可能性微乎其微，北韓也不太可能開放航道讓南韓漁船和其他民船進入海州市，也就是位於南北韓交界處以北六十公里的大城。金正日雖也主動答應盧武鉉，他能開放首爾直飛自己國家三池淵市的班機以促進觀光，但該提議多年後依然不見兌現的跡象。

北韓政府對南北韓民眾無管制的交流也存有疑慮，例如可能會使脫北者人數增加，或者資訊和資源不受控管的流入自家。光是這樣的疑慮，就不可能有鬆綁規矩的可能性。雙方聯合聲明中列出的條件，不但彰顯了南韓一廂情願的樂觀態度，還有北韓願者上鉤的詭詐心態。

但盧武鉉不僅向國內民眾宣布，他為國家贏得了和平，並答應支付確保和平的救濟金，即一百三十億美元的補助金、低利貸款和投資（此外還有自他上任後，向北韓支付的約四百四十億美元補助金，其中超過半數以現金支付）。

2 作者按：二〇〇三年至二〇〇八年間間歇性的多邊對話，其中涉及中國、日本、北韓、俄羅斯、南韓和美國，旨在（至少從美國的角度來看）終結北韓的核武計畫。

3 編按：位於中國江蘇省東北部，山東省南部的半開闊海灣。

金正日的兒女學到了，若要販售假和平，必須先付出代價，他們也深得父親伎倆的精髓：首先透過儲備毀滅性武器，增加發動戰爭的可信度；接著欲擒故縱；最後下馬威，逼迫對方做出各種退讓，自己則適當的露出笑容或表現不悅。最重要的，是掌握節奏、主導關係。金正恩與金與正也在二〇一八年的平昌冬奧中，將這套劇本發揮得淋漓盡致。

綁架美國記者，逼柯林頓大駕光臨

在親眼見證父親一手主導二〇〇七年南北韓高峰會兩年後，金正恩與金與正還看到父親與美國人質外交的計策。

同前文所提，二〇〇九年一月八日，金正日據說已通知朝鮮勞動黨組織指導部，他將立么子金正恩為接班人，那時金正恩年方二十五歲。領導人真是英明！官媒也開始著手塑造這名年輕人的形象，而金正恩顯然有必要向大眾證明自己。

隨後，電臺開始不停反覆播放一首名為《腳步》的歌曲，這是北韓第一流行樂團普天堡電子樂團，在金正恩八歲生日時寫給他的曲子，並在他的派對上連續演奏四次，該曲歌頌金正恩父親「金將軍」的崛起，以及他帶來的「二月精神[4]」：

踢踺踢踺
金將軍的腳步聲
如同春風化雨的二月精神
踢踺踢踺向前行
一步又一步
踏出美麗新未來

北韓政府等了足足十七年才公開播放這首歌。一週後，南韓的半官方媒體韓國聯合通訊社，以簡短聳動的新聞報導了這個天大消息。當時，除了金正日圈子以外的人，根本沒人知道未來最高領導人的正確名字。由於北韓總是有各種虛假和未經查證的消息，南韓直到六月才確認這項資訊。

二〇〇九年四月，金正恩、金與正和金正哲陪同父親參訪元山農業綜合大學的照片，展現了最高領導人兒女作為學徒或觀摩者的一面。對金正恩來說，應該是前

4 作者按：金正日的生日為二月十六日，因此得名。

者大於後者。而以金與正來說，參訪也是一種學習，因為彼時她已在政府中擔任要職。同年八月初，一名美國目擊者便看到金與正陪同父親接見美國前總統。**那時在旁協助的金與正，才剛過二十二歲生日不滿一個月。**

二〇〇九年八月，柯林頓在金正日邀請下，首次也唯一一次訪問北韓。九年前，金正日曾邀請還在任的柯林頓到平壤會晤，該計畫卻因二〇〇〇年美國總統大選，小布希[5]（George Bush）與艾爾．高爾（Al Gore）的重新計票風波而泡湯。

這次柯林頓的訪北韓行程，有迫切且正當的理由，他主要是為了要營救兩名美國女記者凌志美（臺裔）和李承恩（韓裔），她們受僱於Current TV電視臺，而這間電視臺的其中一名創辦人正是艾爾．高爾，也就是柯林頓時期的副總統。

當年三月，兩位記者在北韓東北與中國的天然交界圖們江，遭到北韓巡邏兵逮捕。她們連同一名攝影師造訪中國東北吉林省的延邊朝鮮族自治州，當地有許多女性脫北者淪為人口販子或強迫賣淫的受害者。兩名記者獲得南韓教會的協助，希望製作紀錄片、替這些女性發聲。

她們跟攝影師在某天晚上進入北韓境內，北韓配有武器的邊界員警發現後便開始追捕他們。男性攝影師雖成功逃走，兩名女記者卻被逮捕，而且即使已進入中國國境，她們依然遭到毆打，凌志美甚至被打到失去意識。

北韓政府隨後宣判，凌志美和李承恩因「敵視朝鮮民族罪」和「非法入境罪」被判處十二年勞改。凌志美的姊姊凌志慧是知名電視記者，她向柯林頓傳話道，如果他願意親自到平壤一趟，北韓的偉大領導人或許會釋放兩位記者。**但這個人非柯林頓不可，其他前總統如吉米·卡特或退休政界大老都不行**。眼下情況十分危急。

北韓跟美國的關係從未好過，但當時的情況更是讓兩國關係降至冰點。金正日讓歐巴馬政府相當頭痛。就在歐巴馬即將以總統身分第一次前往歐洲，發表無核武外交政策前幾小時，北韓試射了三年內第一枚長程導彈。

二〇〇九年五月二十五日，北韓第二次試射核彈。當天也是美國的陣亡將士紀念日，紀念所有為捍衛自由付出生命的美國人，包含那些在韓戰中，對抗北韓軍隊而殞落的戰士。這種巧合並非偶然。

數十年來，北韓總是能抓好時機給美國壓力。二〇〇六年，北韓在美國國慶日

5 編按：第四十三位美國總統，由於其父喬治·布希（George Bush）曾任第四十一位美國總統，多以「老布希」與「小布希」稱呼兩人。在二〇〇〇年美國總統大選中，由於小布希與高爾在佛羅里達州票數相當接近，導致數次重新計票，與對當年大選合法性的質疑。

當天為小布希政府送上一份「七彈試射」大禮：除了一枚長程彈道飛彈外，還附贈發射六枚短程飛彈。一九九八年，北韓也因為一次三階段火箭試射飛越日本領空，而令美國做出相當程度的退讓，包含贈與北韓價值三億美金的食品援助，當時的總統恰巧是柯林頓。

北韓的挑釁行為，也有所謂左右鉤拳的組合技。二〇〇六年美國國慶日試射三個月後，北韓第一次測試了核武。對一個處心積慮要發展核武的國家而言，這是難忘的一天。金正日選定朝鮮勞動黨創建日，也是北韓行事曆上第三大節日的前夕：十月九日展開測試。這天也剛好，應該說是被刻意選定的，與美國哥倫布日（每年十月第二個星期一）同一天。

金正日在歐巴馬上任的四個月內，就把他逼入絕境，正是事先規畫的圈套。這是北韓慣用的作法——在賽局一開始就向對方施加壓力。

作為總統候選人，歐巴馬曾提過他有充足的善意，願意與北韓和伊朗的獨裁者無條件交涉。但北韓從來就不想扮演好人，等到威嚇利誘、衝突升級和引發混亂後，再以笑容示人也不遲。

北韓總是藉由對試圖交涉的國家，製造政治和軍事衝突來提高自己的身價。對於剛上任就得處理全球金融危機，同時應付伊拉克與阿富汗戰爭的這位年輕總統，北韓迎來了升高壓力的完美時機。

而現在又有兩名美國人質受困平壤。即便向獨裁者低頭示弱的觀感不言而喻，但由前元首執行此類人道救援任務，在政治上也還算合理。柯林頓的任務完全是公務導向：只為成功救出人質——沒有觀光、沒有音樂會，更不會向金正日做任何政治宣傳。

根據柯林頓最親近的幕僚道格．班德（Doug Band），美國代表團的共識就是「避免讓自己下不了臺階」。如同一九九四年柯林頓任內並不太贊同卡特與金日成會面，本次營救任務也讓自家總統歐巴馬不太光彩。前任總統與國家長期敵人合照——不論是卡特在柯林頓任內初期化解核彈危機，或是柯林頓在歐巴馬上任不到七個月時成功救回人質，都會讓現任總統臉上無光。

歐巴馬要求柯林頓代表團，不得在北韓待超過一天，且不能過夜。另一方面，金正日則要求過夜，外加出席豪華晚宴。柯林頓最後只在北韓待了二十小時，包含晚餐會談和過夜行程。

美國人留得越久，金家收割的好處越多

柯林頓搭乘好萊塢大亨史蒂芬．賓（Steve Bing）的私人飛機飛往平壤，也幸虧當時道格．班德帶上了十萬美元的現金——**北韓後來獅子大開口，索取了史上最昂貴的九萬七千美元停機費。飛機降落後，站在停機坪等待迎接美國代表團的，是金與正**。熱空氣和溼氣吹得她相當不自在。她無視了美國前總統，也未向美國訪客介紹自己，逕直朝班德走去。她完全是來公事公辦的，寒暄招呼都可以免了。

她用英文向美國代表團索取歐巴馬答應父親，釋放兩名記者後的感謝函。她顯然很清楚班德身為柯林頓左右手的身分。柯林頓代表團也知道眼前的年輕女孩是誰，他們對金氏家族成員有大致上的了解，但班德身上並沒有這樣的信件，代表團裡也沒人有。他們中途在日本加油時（以便班機能直接載著人質飛回加州，而不須在平壤加油）才發現，歐巴馬雖然答應了金正日的要求，卻沒寫下任何感謝函。

根據班德的說法，柯林頓面不改色的聽完此事。或許金正日不會因為感謝函就反悔不認帳。不過金與正直接找班德索取信函，透露了她父親最在乎的事，也證明了自己能說一口流利的英文[6]。

班德試著爭取時間，他表示，美國代表團要先看看兩名記者、確定她們安然無

恙——他的兄弟羅傑（Roger），恰巧是柯林頓的私人醫生，也剛好是代表團的一員[7]。北韓同意了代表團想見人質的請求。

沒人告訴凌志美和李承恩，她們將會見到柯林頓，因此在看到前總統站在自己面前時，驚訝的說不出話來。羅傑診斷後發現她們身體狀況良好，但有點精神創傷。她們必須在北韓再過一夜，隔天要出庭，待法官確認得到金正日特赦後，才得以被釋放。

見過人質後，代表團入住白華花園飯店，這間隱密、綿延的複合建築，專門用來接待外國貴賓，包含兩位南韓總統、美國前總統卡特、日本前總理小泉純一郎，及柯林頓麾下的國務卿歐布萊特。如同慣例，金正日優雅的出現在該飯店與美國人

---

6 作者按：美國朝鮮事務特別代表史蒂芬・比根向我證實過此點，他曾在二〇一八年近距離見過金氏兄妹。在一場兩個半小時的談判中，北韓方代表是金正恩和金與正（及一名口譯），美國方則是時任國務卿麥克・蓬佩奧（Mike Pompeo）、資深中央情報局官員安德魯・金（Andrew Kim）、比根等人，金與正在美國人自己講笑話時竟笑了出來，而她的哥哥則面無表情的坐著，或許是英語能力不足所致。

7 作者按：這次代表團中還有約翰・波德斯達（John Podesta），他是柯林頓的前幕僚長，並由白宮指派一併跟團前往北韓，以便幫柯林頓脫稿或開始自由發表外交觀點時踩剎車，以防卡特在一九九四年發生的事件重演，當時卡特向一名有線電視新聞網（CNN）的外派記者宣布了自己與金日成談判的結果。

會面，而非在政府機關，或是他其中一間官邸豪宅接待他們。

鑒於金正日當年初才歷經嚴重中風，班德的次要目標，就是評估這名領導人的健康。金正日走向美國人，一臉平靜、笑臉盈盈，行動似乎與常人無異。不過他明顯還未擺脫所有中風的後遺症：例如他看起來更為削瘦。不過最重要的訊息，如同許多外界人士觀察到的，金正日看起來很正常，沒有任何詭異或瘋癲的氣息。

身為出訪過一百四十個國家的白宮官員，以及跟著老闆柯林頓，為其基金會四處奔走的隨行幹將，班德見過如普丁或穆安瑪爾．格達費（Muammar Gaddafi）等獨裁狂人的下屬，在主子面前時會因恐懼而渾身顫抖。但班德觀察到，北韓官員除了態度相當恭敬外，並未在領導人面前顯得過分緊張或慌亂。

簡單寒暄後，有人要求雙方來張團體合照。柯林頓代表團受人指示，在北韓攝影師的鏡頭下做好表情控管，既不要笑得太過開懷，也不要眉頭深鎖。在海浪拍打岩岸的背景前，柯林頓和金正日正襟危坐，活像兩具腹語人偶，背後站著其他六名美國人，各自僵硬的站在墨綠草地上——正如獨裁國家常見造作、毫無生氣的尷尬場景。

班德後來發現，金與正又再次直接發號施令，比起金正日的千金，她更像個活動管理員。她也出席了豪華晚宴，那是包含了多道菜色的王室宴席，金正日選擇了油花豐富的雪花牛排，搭配法國知名的拉圖堡葡萄酒（Château Latour）。

柯林頓代表團心想，不知道有沒有機會能瞥見金正恩。不過當時二十五歲、未來即將接下大位的金正恩，在美國人到訪期間卻未露面。白宮早就知會過代表團會遇到哪些人，而就算不看身材，金正恩的年紀也會讓他非常好認。但只有金正日的千金公主在場，負責計畫和主持由美國前總統率領的代表團，並近距離觀察試圖在晚宴上保持撲克臉的柯林頓。

金正日則開心扮演妙語如珠的主持人，就連班德都認為他「平易近人又為人和善」。金正日顯然聽得懂英文，並不斷暗示賓客在晚餐後，跟他一起出席音樂會。如同往常接待外國賓客的習慣，北韓領導人想以世上唯獨他能提供的節目讓美國人印象深刻，例如舉世知名的團體操，或世上最大的戶外表演。畢竟，他在二〇〇〇年十月才與柯林頓的國務卿出席過類似的場合。

班德心裡十分清楚，**北韓領導人會利用前總統出席奢華晚間盛會作為政治宣傳**，因此即便金正日多次暗示，班德也禮貌性的推託說柯林頓太累了。金正日欣然接受，不過他應該很失望少了這樣的機會——但他的失望程度遠不及那上萬個失去表演機會的人，畢竟他們關注的對象是至高無上的領導人、整場大秀的主持人。

美國代表團達成了終極目標：凌志美和李承恩被釋放，而且與柯林頓一同飛回美國。然而北韓政府似乎沒付出什麼成本，卻收割到更多好處。

零成本的獲利模式

北韓的領導人成功為自己的兒女展示，人質外交不僅能作為試射長程飛彈和核武的前奏曲，還能確保綁架者無罪開脫、獲得滿滿的讚美諂媚。金與正親自在家鄉主場，見證了父親與美國人的權力互動。而在數年後，一名叫奧托．瓦姆比爾（Otto Warmbier）的倒楣美國大學生，則成了金正恩和妹妹的人質。

二〇一六年一月二日，奧托隨北韓旅行團準備離開平壤時，卻遭到扣留。四天後，北韓舉行了三年內第一次核武測試，二月接連又試射了一次長程導彈。一月三十一日時，奧托「承認」自己試圖從旅館偷走政治宣傳海報，並對著鏡頭唸出北韓使用的僵化詞彙，和前後矛盾的陳述，中間還夾帶著給自己父母的隱藏訊息。

隔月，他被宣處十五年勞動改造。到了二〇一六年三月，金與正彼時已執掌宣傳煽動部多年。奧托被迫認罪的手法和刑責，處處彰顯了金與正的風格，充滿惡意和凶殘。而我們將在第十章看到，奧托前方的回家之路充滿了危險與荊棘。

第8章

朝鮮勞動黨的繼承之戰

即便到了2011年12月，能認出這名女子是誰的，仍屈指可數。更沒人能預想到，她能在短短幾年內躍升成北韓第二把手。

一名穿著韓國傳統黑色喪禮服裝的年輕女性面容哀悽，緩步前行，脖子領口處的白色線條與黑色的洋裝成了鮮明對比。她雙頰凹陷、咬著下唇，時而低頭，淚水劃過臉龐，眼前是一只蓋上的玻璃棺木，放在滿是金正日花和菊花的靈柩車上。

距離她一步之遙，她的哥哥正用手帕擦拭淚水，其他前來送葬的女性臉上哀傷的神情展露無疑，其中包含金正恩的妻子。但這名年輕女性臉上展露的，更是一種發自肺腑的哀慟。

想要一窺王朝內幕的外界人士，從這名女子跟金正恩的距離，應該便能推測出她是重要的家庭成員，當時金正恩已是外界的熟面孔。**即便到了二〇一一年十二月，能認出她是金正日么女和金正恩妹妹的人，仍屈指可數**。畢竟，北韓的官方媒體也還未正式介紹過她，更沒人能預想到，她能在未來短短幾年內躍升成北韓第二把手。不過，北韓官媒也在喪禮八天後做出了謹慎的提示。

英國文學巨擘莎士比亞（William Shakespeare）的《凱撒大帝》（*The Tragedy of Julius Caesar*）劇本中，凱撒（Julius Caesar）遇刺的當天早上，妻子卡爾普尼婭（Calpurnia）警告丈夫：「當乞丐死了的時候，天上不會有彗星出現；君王們的凋殞才會上感天象。」當時的人們，都害怕凱撒將成為一名獨裁者。

而當現實中的獨裁者金正日跟父親一樣死於心臟驟停時，似乎也感動了上蒼，在他過世兩天後，北韓官方電視臺在二〇一一年十二月十九日午時發布的訊息，讓國家頓時陷入停擺。接下來十天，數千萬北韓民眾湧入街頭和廣場，痛不欲生的跪倒在地，撕心裂肺的捶打胸部和地面，這樣如喪考妣的場景在全國各地上演。永世獨裁者的突然離世，讓北韓陷入難以置信和集體癲狂。

就連上天都被感召而出現異象。金正日離世五天後，官媒報導南方的邊界出現了「一系列刺眼的藍光伴隨閃電」，目擊者表示，「似乎就連天空都在為偉大聖人的殞落而哭泣」。

金正日的送行隊伍，大都沒有好下場

之後幾天，官方電視臺不停轉播金正日躺在玻璃棺木中的遺體，身體上蓋著鮮紅色的布，頭枕在白色枕頭上，這樣肅穆的畫面或許能為人民悲慟的情緒帶來幾分慰藉。不過最莊嚴浩大的場面，則留到了國葬當天。

金正恩引領一支七人隊伍，跟在運送金正日棺木的美製林肯大陸（Lincoln Continental）靈車後面，隊伍中其他成員的年紀，都在金正恩兩倍以上。偉大的領袖不可能完全離開，因為集父親所有優秀特點於一身的兒子，將會確保父親長眠錦繡山太陽宮的同時，白頭山偉大精神也永遠不滅、持續照耀大地。

即使沉浸無法言喻的悲傷中，民眾在新領袖炯炯有神的眼裡，仍看見信心和未來。他引領著靈車，雪花飄落、恭敬的落在北韓王族家庭的亡者與生者身上。

從外界的角度看來，北韓人民悲痛逾恆的哀悼，顯得誇張又滑稽。然而，核武國家的政權交替可是件非同小可的事。誰會是接班人？是否會帶來改革？政體是否會垮臺？會不會有政變？世界各地的北韓專家，仔細研究了金正恩身後，圍繞林肯大陸靈車的七名男性。

他們的身分很快就曝光了。在喪禮的前幾個月前，誰即將出局、甚至永久沉睡，都已經大致底定。**二〇一二年末，七名男性中有五名遭到不同程度和時間長短的拔官或革職**。其中一位在喪禮兩個月後被免職，另一名則在七個月內被消失，眾人懷疑，他是遇害身亡的。

二〇一二年二月，七名男性之一、時任國安局長的尤董初人間蒸發；同年四月，人民武力部[1]部長金永春遭降職，但並未受到無法翻身的懲罰；到了該年十一月，金永春的接班人金正覺也遭肅清。同年七月，其中一名在靈車前走在金正恩身旁的高官、當時全國兵符權力最大的朝鮮人民軍總參謀長李英浩，也因為不明疾病而被解除所有職務。他的接班人玄永哲雖非喪禮上的七人之一，但他的下場也沒有比前人好多少。

雖然北韓從未證實處決李英浩，卻在三年後證實玄永哲已遭處決。他在二〇一二年末遭降職，又在二〇一四年升職成人民武力部長。二〇一五年四月，玄永哲因為在金正恩主持的會議上打瞌睡，最後以高射炮公開處決。然而最後受到公開侮辱、下場最淒慘的，卻是張成澤，他是金正恩的姑父，也是金正日多年的心腹。

北韓政府從未證實張成澤的死法，不過據說，他被金正恩下令用ZPU-4高射炮處決——這是一款專用來射擊飛機的蘇聯製防空機槍。二〇一三年十一月，金正恩曾要求自己的姑父坐在前排，觀看他的兩名親信李龍河和張秀吉被該款機槍射擊至屍骨無存。此外，金正恩居然也曾向川普透露他將張成澤的頭砍下，並放在其屍體的胸膛上供部屬欣賞一事。

唯一沒有疑義的，是張成澤被處決的時機點，約落在二〇一三年十二月至二〇一四年一月之間。在他眾多的罪狀中，還包括被痛罵為「厚顏無恥的人渣」、「豬狗不如」等形容詞，叛國和詆毀偉大領袖是其中兩大罪狀，更別說還有「不當男女

1 編按：今被改名為「國防省」，相當於其他國家的國防部。

關係」，還有在金正恩演說時「不情願的拍手」等。

自二〇一三年十二月起，官媒就再也不曾提及張的名字。全國第二大人物在一夕間失勢後，外界都在努力找尋，金正恩圈子內真正能呼風喚雨的新掌權者。

老臣遭清算，妹妹出頭天

喪禮上的七名男性中，唯二活下來且繼續在金正恩執政下發光發熱的，是金與正的師傅金基南，還有最高人民會議議長崔泰福。兩位既無人身安全之虞，還繼續位居高官要職，直到在二〇一七年和二〇一九年分別自願半退休、退居幕後。

然而其餘五人，也就是受金正恩欽點、來為父親靈柩送行的高官，下場都成了某種令人警惕的教訓，提醒著人們，**即使是一名在瑞士念過書的菜鳥領導人當政，北韓依然有「標準程序」來對付掌權者看不慣的部屬**，而每個人都必須忍受領導人隨時可能翻臉的人格及其風險，人人都命懸一線。

至少大多數人是如此。至於誰在金正日死後，卻能在金正恩身旁大權在握顯而易見。金正恩姑丈的權力，雖然在名義上僅在一人之下，但距離名副其實的北韓第二把交椅，顯然還有段距離。

在父親的喪禮上，金與正並沒有伴隨金正日的靈車。在韓國的葬禮習俗中，女性不能擔任要角，這是因為過去重男輕女的陋習所致。國家葬禮委員名單上兩百多個名字中，也不見她的名字（就連其大哥金正哲也沒有）。

然而，就算是父權文化根深柢固的北韓，也無法阻擋自己國家實質上的第二把手站上太陽宮的紅地毯，看著其父親經防腐處理的遺體與祖父並肩排列，以不朽的姿態沉眠錦繡山。

在自己哥哥左手邊、隔著三人站著的便是金與正，**她也是隊伍中唯一的女性**，一同看著國家軍隊以踢正步的方式從眼前走過。她跟新領導中間，夾著金永南和國家總理崔永林，兩位在隊伍中的位置，多半是由於其為國服務的時間，而非實質權力大小。張成澤則站在距離金與正五步之遙的位置。

悼詞朗誦至一半時，金與正突然從隊伍離開，或許是為了平復情緒。若是其他任何人膽敢打斷如此神聖的儀式，那人的下場可能會讓張成澤「意興闌珊的鼓掌」受到的責罰，顯得小巫見大巫。可見自哥哥掌權的第一天起，金與正就已展現其野心勃勃的氣勢，她的身分也將為她帶來凡人無法觸及的光環。

第 9 章

金正恩的暴力文宣，妹妹寫的

南韓所有歷任總統，或多或少都受過北韓官方的語言凌辱。鮮少人能想像，這些犀利又惡毒的語言，竟出自一位年輕女性。

金正日在二〇一一年十二月逝世，讓他年僅二十歲的小兒子，成了整個北韓王國的焦點和最高領袖。外界的評論家無奈的接受了這樣的事實：儘管是首位留學瑞士的領導人，北韓的第三代領袖仍有違外界對他一廂情願的美好期待——他既不支持，也無意落實歐洲的世界主義[1]。人們也逐漸發現，他的妹妹也開始嶄露頭角、鋒芒畢露。

她以配角身分，陪同哥哥參觀了政府機關、軍營、工廠、美術館、遊樂園、農場、剛整修完畢的平壤國際機場、動畫片廠、日間照顧中心、孤兒院、精品店、核武組裝廠和音樂廳。然而此刻的她，尚未發表過任何聲明或給予現場指導，平凡無奇似乎正是她選擇的路線。

手握大權的少女

在父親過世七個月後，二〇一二年七月，她出現在綾羅人民遊園地，這是平壤新開幕的遊樂園，甚至還設有海豚館。金與正穿著淺色上衣和黑色短裙，酷似學生制服的穿著，讓她看起來就像一名來找樂子的年輕人。

她的一頭長髮在風中飄逸，並向坐在三百六十度旋轉設施上尖叫連連的友人揮手，右手腕上的絲巾也很快成為一股流行時尚。就連略顯嚴肅的遊樂園開幕典禮，也未能影響她的好心情：她獨自在園內走動、在她哥哥跟嫂嫂幾公尺後放聲大笑，其他官員，包含她的姨媽和姨丈，則專注的站在一旁。

甚至有人拍到一段影片，其中金與正為了躲避鏡頭而試圖躍過花床、橫越廣場。北韓宣傳煽動部的主要工作，便在於移除或處理這類不利政府官員形象的片段，然而這個影片卻被保留了下來，證明這絕非作業疏失——**畢竟，金與正就是該部門的首長**。

根據知名脫北者李正浩的說法——他對領導人的各種計謀和行賄基金瞭如指掌——金與正早在二〇一二年，就已加入朝鮮宣傳煽動部任副部長。同一年，在姑丈張成澤引薦下，她也加入了金日成綜合大學政治與經濟系為她開設的班級，這個五十人的班級由碩士或博士生組成。這門入門課程只持續了六個月，目的是為了讓金與正重新熟悉學術課業，以及讓她有機會認識人才，或者未來的丈夫。

李正浩兒子的某位同學，也選修了這門課程，他是金日成親戚的孫子。其他學

1 編按：Cosmopolitanism，指支持各國家與民族間和平、包容發展的意識形態。

生和黨內官員也發現，金與正對電腦特別有一套——她能同時看兩個螢幕，並自在的打字。至於相親的部分是否成功，當然是國家機密，曾有人臆測金與正已經結婚而且有一、兩個小孩，但這部分資訊，至今都未經北韓政府證實。

隔年，張成澤遭公開處死後，各種疑問也甚囂塵上。金正恩真的將張成澤視為如此巨大的威脅，以致於非置他於死地不可？還是說，張成澤的權力本就不如外界想像的那麼大？如我們已觀察到的，北韓正式的階級制度，和可見的非正式權力運作，例如在活動場合中與領導人的距離等，都可能不是衡量權力的正確方法。

北韓人都知道，除非你是第一家庭的核心成員，或是白頭山家族創始人的直系血親，其他所有人都只是可有可無的存在。張成澤本就是旁系，是後來才「入贅」到第一家庭的成員。相較之下，金與正即使在哥哥面前，也能隨心所欲的展現自信，而不用低聲下氣的應對。

兩年後的二〇一四年三月，金與正投票給哥哥後，北韓官媒第一次提到她的名字，外界當時還認為金與正只是名普通、無憂無慮的二十五歲女子。官媒接著又在同一個月提到她兩次，皆是她陪同哥哥和嫂嫂，出席金正恩心頭好牡丹峰樂團演唱會一事。不過金與正的名字在兩次報導中，都被放在十一位或十七位隨從人員名單的最後面，令人無法察覺到她的貴族身分。

用最平凡的外表，嗆最狠的話

經過官媒低調的介紹開場後，金與正開始了她的行動。北韓官媒突然一夕之間，爆出了大量不尋常的汙言穢語，例如**二〇一四年四月和五月的官方文章中，便充斥著種族歧視、性別歧視、恐同發言和髒話**。當時，朝鮮中央通訊社便稱呼澳洲一名出櫃的退休法官邁克・柯比（Michael Kirby），為一名有四十多年同性戀歷史的齷齪老傢伙。

他「惹到」北韓政府的原因，是因為身為聯合國北韓人權調查委員會主席，他在二〇一四年二月提出一份長達三百七十二頁的報告，其中指出北韓政體對人權的極端迫害，源自於其身為現代世界上獨一無二的獨裁政體。同時，朝鮮中央通訊社也不斷詆毀南韓首位女性總統朴槿惠，並針對朴槿惠未婚單身的身分攻擊，罵她為「骯髒的老淫婦」。

二〇一四年四月二十七日的新聞文章提到，朴槿惠在兩天前於南韓熱情接待歐巴馬後，北韓宣傳煽動部便回應，朴槿惠令他們想到「行為放蕩的女孩，要求幫派小弟替她打人出氣，或是風流蕩婦要求情夫懲戒他人後，以自己的身體作為回報」。

在宣傳煽動部的眼中，朴槿惠對美國露出的是自己各種可恥的真面目，包括

「阿諛奉承的馬屁精、十惡不赦的叛徒、美國的慰安婦，和出賣國家的淫婦」。在該文結尾，他們還提到她於一九七九年被親信槍殺、已不在人世的父親：「她注定會步上朴正熙的後塵，最後死於非命。」

同年四月二十九日，《勞動新聞》還形容朴槿惠與歐巴馬的會面，就像「黑幫老大在出門火拼前，要求他的政治蕩婦好好服侍自己，並給了崇拜自己的伴侶一個卑劣的吻」。五月二日，朝鮮中央通訊社再次中傷朴槿惠，說她只不過是個「向境外勢力賣弄風姿的老妓女」。

還沒完，朝鮮中央通訊社隔天再次出手，說她是「令人作嘔的老妓女，掀開裙子邀請陌生人（指歐巴馬）進房，簡直寡不廉恥」。在五月二十五日的文章，則談及北韓希望如何處置她：「這樣的特級叛徒和淫婦，應該早日就地正法。」

北韓的穢語汙言持續了整個秋季，朝鮮中央通訊社也將朴槿惠在聯合國大會上，呼籲北韓放棄核武計畫的演說稱為「惡意掀起裙子的政治蕩婦……」。

隔年，北韓宣傳部官員變本加厲，二〇一五年五月二十七日，朝鮮中央通訊社刊登了一篇長達九頁的抨擊文，炮轟朴槿惠「死死黏著美國主人的臭胯下，活像是醉倒春風的發情淫婦」。這名「丟人、專門服侍美國的慰安婦，是朝鮮半島的叛徒」，最後以「北韓必將出手懲戒」作結。

二〇一四年末，金正恩掌權三年後，**負責宣傳煽動部和其暴力的文宣內容的，正是她看似平凡、無憂無慮的妹妹**。雖然名義上為副部長，但金與正其實正是宣傳煽動部的領導人，並以金芮宗（Kim Ye Jong，音譯）的假名在其中工作。雖然她隱姓埋名、隱身幕後，但是文章的聲音，顯然充滿金與正的風格。

首爾的不回應，讓平壤食髓知味

不過，那些有在留意北韓大外宣的人，可能早已習慣如此偏激的語言。透過不斷反覆和時間累積，北韓對南韓總統的言語攻擊不再令人意外。就連與日俱增的謾罵，也只被南韓媒體以「無法言喻的語言」輕描淡寫帶過，而未引起輿論撻伐。

金與正的宣傳煽動部官員，讓南韓人日漸習慣針對自家總統的歧視穢語。在這種情況下，**沉默並非表現不齒的最佳表現，反而近似於默認與接受**。平壤的邪惡腹語師每贏得一回，北韓就能再次確立南北韓的主從關係。

二〇一四年春天，許多美國人也領教到了北韓口無遮攔的威力。平壤對美國第一任非裔總統，使出了充滿種族歧視的惡劣言論。北韓的主要對外媒體稱歐巴馬為「邪惡的黑猴子」，並應該「回到世上最大的非洲動物園與同類團聚，靠撿拾遊客丟的麵包屑為生」。

不僅如此，朝鮮中央通訊社也稱歐巴馬為「血統不明的雜種」，並說雖然人類種族已經進化數百萬年，他「卻還尚未進化完全、頂著猴子的外貌」。

這樣的謾罵絕不可能未經領導人同意，就公開播送，因此金正恩跟宣傳煽動部實質部長金與正，肯定事前看過並同意內容，也因此必須為這些惡毒言行負責——更別說，金與正可能就是背後作者。白宮克制的回應則指出，「雖然北韓官媒向來以裝腔作勢的語言著稱，這些評論也格外的失禮、惡毒」。

然而，鮮少人能將這股犀利又惡毒的語言，與這位負責審核的年輕女性聯想在一起。這些詆毀謾罵當然不可能全出自一人之手，而是黨和政府旗下作家的集體創作——這些人出自頂尖大學，是全北韓最富有文采的一群人。

他們想出既醜陋又富含詩意的詞彙，來證明自己的價值。所有歷任南韓總統，或多或少都受過北韓凌辱語言的洗禮，即便是那些真心歡迎北韓領導人，和當時謙恭禮遇金與正的總統也是。

第 10 章

成為潛在接班人的首度試煉

金與正的肢體語言就像在說：我才是主角，所有人都應該對於我蒞臨開幕典禮感到感激涕零。

二〇一八年初，美國跟北韓的關係降至史上新低點。過去一年來，北韓動作頻頻，除了接二連三的導彈測試、在美國國慶日後規模漸增的三次洲際彈道飛彈試射外，還有二〇一七年九月史無前例的氫彈測試。

金正恩和二〇一七年一月宣誓上任的川普總統，隔著海相互叫囂，川普罵金正恩是「執行自殺任務的火箭人」，而金正恩則稱川普是「老番顛」，雙方都以核武威脅對方。二〇一八年一月，兩人叫陣內容更談到了桌上的核按鈕，金正恩也在發表新年賀詞時嗆道：「核按鈕時時刻刻就放在我的桌上。」

兩天後，川普也在社交媒體推特（Twitter，現已改名為X）反嗆：「北韓領導人金正恩剛剛聲明：『核按鈕時時刻刻都在他的桌上。』請他那個連人民也吃不飽的國家，隨便派個誰去跟他說一聲：我也有個核按鈕，而且比他的那顆更大、更有力。而且，我的按鈕真的有用！」

二〇一七年十一月，川普向南韓國會發表演說時曾撂下狠話，並譴責北韓漠視人權。「北韓是個被邪教統治的國家，」川普說：「這個軍事崇拜的中心，是種瘋狂的信仰，其人民相信國家領導人有權以父母兼守護者的身分統治朝鮮半島、奴役朝鮮民族。」他接著談及朝鮮半島的基本權力運作，而這樣的關係長期下來，將會不利於北韓：「大韓民國繁榮的存在，將嚴重威脅到北韓的獨裁政權。」

川普也在演說中提到美國大學生瓦姆比爾的拘留事件，他曾在二〇一五年末造訪北韓，卻被扣留為人質，還遭到虐待，和判處十五年拘禁加勞動改造。隔年四月，瓦姆比爾因故腦死，並在二〇一七年六月以永久植物人狀態回到美國，最終於同月身亡。川普在施壓北韓釋放瓦姆比爾上有功，他也在首爾的演說裡說道：「金氏政權無情的虐待瓦姆比爾，讓一位年輕有為的青年葬送了生命。」

過去兩年的隔空叫囂期間，金氏政權做了三次核武試驗、三次洲際導彈試射，和數十次短程飛彈試射。美國相當清楚，按照北韓的慣例，它將以示好的方式來達成被動攻擊，**但這次美國無意跟著北韓的節奏走**。

從平昌奧運，變平壤奧運

二〇一八年二月，第二十三屆冬季奧運會登場，比賽地點就位於南韓的平昌。恰巧的是，二〇一八年一月八日，北韓在最後一刻發表了一則耐人尋味的公告：**北韓也將出席參與冬奧**。更有趣的是，它將派出數十名女性冰上曲棍球球員加入南韓隊伍，一起組成「女子冰球聯隊」，並由北韓的官方代表團陪同參賽。

許多南韓民眾表示不滿，而南韓女子國家隊的加拿大籍總教練，則對賽事公平性和自家選手淪為政治工具有所疑慮。時任韓國國務總理李洛淵則喊話稱，這有什麼關係？反正南韓隊早就「跟獎牌無緣」了[1]。

雖然南韓是北韓發展核武的最大受害者，但這次南韓抱持鴕鳥心態、不願正視事實，反而努力將平昌奧運形塑為「和平奧運」。強大的民族主義、團結一心的訊息、國際奧林匹克委員會的利益，和時任南韓總統文在寅的政治考量全部連成一線。**國際奧林匹克委員會甚至在最後一刻，破例將女子冰球隊伍的人數，從原本二十二人增加至三十五人**——非常時刻，必須動用非常手段。

在開幕典禮前，北韓透過南韓向美國傳達了一則令人驚愕的訊息。儘管歷經一年的惡語相向和挑釁，北韓仍希望會晤美國副總統，並由副總統帶領美國奧運代表團。川普和幕僚討論後，時任副總統麥克·彭斯同意與北韓人坐下來談。雙方會議安排在二月十日上午，也就是開幕典禮隔天，地點在青瓦臺。

在事前準備階段，白宮極力聲明「不會讓北韓模糊奧運焦點」。川普在當年一月三十日於國會發表的國情咨文，也呼應了一樣的立場，並向現場來賓：已故學生瓦姆比爾的父母弗雷德和辛蒂，以及失去雙臂的脫北者暨人權鬥士池成浩致意——池成浩後於二〇二〇年成為南韓國會議員，弗雷德更受邀參與彭斯當年的代表團。

當代表團中途停靠日本時，時任日本總理大臣安倍晉三坐在眾人一旁，彭斯向安倍重新強調了總統的訊息：「估計有十萬名北韓人正在勞改營裡受苦，除了強制勞動，還要每天忍受虐待、飢餓、強暴和謀殺。」當時他們並沒有預料到，自己將在兩天後與金與正正面交鋒。

金與正其實想藉由外交，作為解除制裁的幌子，以爭取更多時間和金錢製造核彈，但這件事被美國看得一清二楚，日本也心知肚明。「我們與日本和所有盟友，」彭斯語氣堅定的作結：「將持續加大力道向北韓施壓，直到北韓採取實質且可信的去核武行動。」

二〇一八年，金與正南下出席冬季奧運引起關注，但彼時的時間點——尤其金正恩和川普在一個月前，才剛以核武相互威脅——似乎讓她的出席更像一場救贖行動，金與正纖細的肩膀上，彷彿正扛著人類和平的未來！

金與正抵達南韓後，民眾澎湃、興奮難耐的心情達到最高點，頓時壓過了理智。北韓令人驚豔的女歌手、樂手和上百名啦啦隊員，讓原本毫無生氣的奧運增添了活力和色彩，也讓不見經傳、經常被與平壤搞混的南韓平昌市聲名大噪。

1 作者按：李洛淵後來有為此番失言道歉。

北韓事先安排好的重頭戲也在此時登場：北韓公主親自蒞臨奧運。相較之下，彭斯怎麼可能比得過世上最具領袖魅力的政治玉女？等彭斯同一天抵達南韓後，平昌奧運已幾乎成了由南韓買單的「平壤奧運」，還讓金正恩享受了形象改造的公關好處。

北韓公主親臨奧運，高人一等

開幕典禮當天，彭斯代表團與四位脫北者會面，彭斯本人則前往天安艦紀念館，仔細參觀二〇一〇年在北韓魚雷攻擊下，導致四十六名南韓海軍官兵犧牲的天安艦本體[2]。然而，多數南韓人的眼光則在金與正身上，心中期待著北韓千金的蒞臨，能為雙方開拓新的格局、帶來和平。

在這歷史性的一刻，人權迫害的討論和北韓千金參與其中的事實，顯得格外唐突。不論是開幕典禮、交流時間還是晚宴，保持善意的美國副總統皆秉持原則，極力避開北韓官員。彭斯在回憶錄中寫道：「文在寅的首要之務就是促進統一，他極力想促成我與北韓人的交流，也就是金正恩的妹妹，跟北韓名義上的國家元首金永南……文在寅顯然想不失禮節的強迫我與金永南面談……不過門都沒有。」然而彭斯自己，也意外的犯下許多錯誤。

彭斯事前已表明，如果他將與金永南同桌，他便不會出席開幕典禮前的晚宴。然而他出現在奧運村時，仍意外發現自己被安排在主桌、與金永南隔空對望的位置。即使對座位安排感到無奈，彭斯與妻子仍與在場所有領袖握手後，隨即離開去見美國隊選手。這樣的行為給外界的觀感，即是**不願對話、不願交流的，是美國而非北韓**。

在開幕典禮的VIP席位上，美

▲ 2018 年平昌冬季奧運，金與正與北韓代表團，坐在彭斯與文在寅後方一排的位置，讓北韓「高人一等」。（圖片來源：維基共享資源，韓國青瓦臺的作品）

2 編按：二〇一〇年，載著韓國海軍的輕型護衛艦天安艦，在黃海海域巡邏時突然沉船，導致四十六名艦上官兵死亡的事件。根據調查，沉船原因正是北韓的攻擊。

國副總統和夫人面臨更尷尬的座位問題，而且這次還無處可躲。**北韓代表團要求，他們的座位要在美國代表團後一排的位置**，以階梯式座位的設計來看，就是「高」其一排的位置，並威脅南韓不照辦，就不參與開幕典禮。

文在寅最後同意了，並讓金與正坐在彭斯和自己，也就是主辦國的上方。這麼做的效果，就是北韓看起來「在眾人之上」，不論是美國或南韓。

金與正顯然也如此認為。在文在寅進入VIP席時，金與正首次會晤南韓總統。文在寅抬頭以陽光般的笑容，看著這位貴賓並伸出了手。金與正卻向前微傾，手肘緊貼身體兩側，彷彿這名年輕女子在會見一名年長許多、官階低下、一臉尊敬看著她的大頭兵。

如果自家總統今天會見的不是金與正，而是日本總理或甚至是金正恩本人，應該沒有任何南韓人會對這樣的「歷史性握手」感到高興。

這張握手的照片在媒體上瘋傳。白頭山的公主微笑與南韓總統握手的這一幕，似乎讓所有外交禮節、國家形象甚至長久以來的國家尊嚴問題，頓時雲消霧散。金與正把握住這一刻，她的肢體語言就像在說**自己才是主角，所有人都應該對於她蒞臨開幕典禮感到感激涕零**。

至於對美國副總統，金與正則整晚昂著頭，對坐在自己下方的彭斯跟夫人施與睥睨的微笑。

當南北韓選手聯合進場時，彭斯又讓自己在錯誤越陷越深。文在寅夫婦穿著有黑色線條的白色外套，搭配以國旗顏色為靈感的紅藍圍巾，兩人都起身鼓掌。金永南與金與正也跟進，但金與正的動作有所保留。文在寅夫婦，此時再次轉身向金永南與金與正握手，金與正擠出一抹禮貌性的微笑。彭斯跟夫人也穿著美國隊紅白藍相間的外套，坐在位子上，連禮貌性的鼓掌都沒有，更別說替北韓運動員歡呼了，但他們也沒替南韓選手加油。

▲ 2018 年 2 月 9 日，韓國平昌冬季奧運開幕式上，文在寅與金與正握手影像，請掃描 QR Code。

美國人的小心眼，讓北韓拿下一局

VIP 座位的安排，對南韓總統來說，就像對美國副總統一般極盡羞辱，不過南韓人只想把焦點保持在後者。在世上最大的運動賽事中，**美國的代表領袖卻沒有展現大器的一面，反而像個心胸狹隘又不苟言笑的糟老頭。**

許多南韓人對此非常不滿，認為彭斯完全不尊重地主國的南韓運動員，還瞧不起南北韓運動員攜手入場的歷史性時刻，雖然這已是歷史上第四回發生這種事了（首次始於二〇〇〇年雪梨奧運，之後是二〇〇四年的雅典奧運，和二〇〇六年的杜林奧運）。

弗雷德．瓦姆比爾說的對：北韓從文在寅身上榨取了最多利益，彭斯則沒有要向北韓「鞠躬哈腰」的意思。然而，這樣的反應卻成了他的致命傷，讓美國成了眾人眼中小家子氣的掃興鬼。

事後回顧來看，當時彭斯咬牙坐在主桌、勉強擠出笑容，跟日本總理大臣、德國總理、聯合國祕書長攀談，同時兼假裝無法看清對面的北韓官員，或許是更好的作法。主動接近金與正和金永南並試著握手，也會是較明智的舉動，如果北韓拒絕那就更好了，這樣一來就是美國隊得一分、北韓讓自己出洋相的下場。

雖然金與正善於為自己冷酷無情的國家顏面，帶來一抹溫柔女性的改變，但她並沒有做得盡善盡美。美國選手進場時，她也報復性坐在位置上，鼻子仰天、皺著眉頭，完全沒有鼓掌，這點則讓南韓政府加了不少分。試想，如果她能露出那融化人心的燦笑，拍個幾次手，直到她突然想到自己不該這麼做，而發出微小的驚嘆聲——人們一定會覺得她的反應非常可愛。

不過一位美國人看穿了這一切。弗雷德表示想跟北韓代表團談談，並詢問關於自己兒子的事，他想要索取兒子過去十七個月，在北韓的就醫和法律文件。「我對他們造成您兒子的悲劇，感到非常難過，但是南韓人不願幫忙牽線。」俄羅斯駐北韓大使這麼對弗雷德說：「對於您兒子的事，我很遺憾。」但弗雷德想聽到的，是北韓人這麼跟自己說。「雖然文在寅還算和善，」弗雷德事後回想道：「但我發現，**他對北韓根本是言聽計從**。」

平心而論，文在寅想要尋求更好的南北關係，確實是值得追求的目標。他唯一的錯誤，就是認為花兩天時間美化北韓第一家庭、取悅金與正，就能替南韓謀得回報——他只讓自己在對方眼中，更加的一文不值。

而弗雷德也對北韓千金，有跟一般人不一樣的見解：「我光是看著她，就可以感受到她徹頭徹尾的邪惡本質，她是個殺人魔、罪犯、十惡不赦的壞蛋。只不過恰巧身為女性而已。」

第 11 章

哥哥出辱招，她扮白臉

北韓獨裁者恩威並行、寬猛相濟的行為，通常能使南韓乖乖就範，外界稱其為「首爾症候群」。

隔天，金與正原本安排與美國代表會面，但金與正在會議開始前兩小時，臨時取消了會議。然而如預期一般，她仍信守與文在寅的約定，和隨扈於上午十點五十九分抵達文在寅的總統官邸。

她身穿黑色西裝，左領上別著她父親和祖父微笑頭像的徽章，這種紅色背景的小徽章在北韓隨處可見。儘管文在寅總統在與川普、安倍晉三，和時任英國首相鮑里斯·強森（Boris Johnson）等世界領袖會面時，也會佩戴國家徽章，但在這個特殊的南北會面場合，他以謹慎為原則，並選擇不這麼做——朝鮮民主主義人民共和國和大韓民國，互不承認對方為主權國家。他在同年稍晚的四月、五月和九月會晤金正恩時，也採取相同作法。

自金與正抵達南韓以來，首次沒有穿著冬季大衣露面。雖然乍看並不明顯，但她的小腹似乎微凸，也看起來比之前的照片豐潤。網路偵探、評論家，甚至情報分析員都猜測，金與正可能懷孕了。

人們臆測道，她當時可能已進入第三孕期，並預計在該年三月底或四月初生下孩子，因為她在四月底與哥哥一同出席的南北韓峰會上，明顯消瘦了不少。然而，人們曾在公開活動上看到她飲酒，而讓孕婦喝酒這件事，不管對南北韓民眾都是社會風氣上的大忌。

不過，她是位高權重的公主，當然能恣意妄為。也許她無所忌憚的個性，就像哥哥的「改革思想」一樣，是早期在瑞士接觸世界主義的產物：根據二〇二〇年哈佛醫學院（Harvard Medical School）報告，瑞士孕婦飲酒的比例位居世界第三，為二〇．九％，僅次於英國和俄羅斯，並高出美國兩倍。

青瓦臺峰會，恩威並行的公主

金與正在該年冬奧率領的代表團，是自二〇〇九年八月二十三日以來首次訪問青瓦臺的北韓使團。當年，北韓的「宣傳煽動部教父」、長期擔任該部名義領導人的金基南，以及祖國統一和平委員會主席金養建一同拜訪南韓時任總統李明博，並向幾天前逝世的前總統金大中致敬。

金大中總統生前，曾是金正日的贊助大戶，於二〇〇〇年六月訪問平壤的前幾天提供對方四．五億美元現金，隨後還贈與價值五千萬美元的商品。這樣的大禮，絕對值得北韓人到場上香悼念。

文在寅總統則有幸成為首位接待北韓第一家庭成員的南韓領袖，對象還是一位秀外慧中的年輕女性，這樣的動作意味著未來更多的支持承諾。在接下來的日子，文在寅將持續呼籲美國解除對北韓的制裁，並同意南韓在違反聯合國安全理事會決議和美國法律的情況下，在北韓投資。

然而，文在寅的努力根本不被金氏兄妹放在眼裡：金與正後來仍怒嗆文在寅，稱其為「夾著尾巴的狗」、「超級白痴」、「美國人養的學舌鸚鵡」，在在表達了她對文在寅未能兌現承諾的失望。

這位重量級特使，在青瓦臺的賓客簽到本留下署名。而在她的名字上方，她寫下「朝鮮民主主義人民共和國資深代表團」，而非特定頭銜或官職。然後，她以白頭山家族的著名筆跡，也就是彷彿以四十五度角上揚的韓文字母，寫下以下祝福：「我希望南北一家親的想法，能在我們同胞的心中茁壯，期盼加速實現統一與繁榮的未來。」

作為代表團的名義領袖，金永南也在簽到冊上簽下名字，並寫道：「在追求統一的過程中，承擔團結與信念，必定是朝鮮民族最珍視的夢想。」

乍看之下，這兩則訊息似乎是陳腔濫調。但實際上，字裡行間都隱藏了重大呼籲。**金與正是在募款**：請南韓當家總統如過去的政府一樣，提供她資金補助；金永南的意識形態則更濃厚：**在追求國家統一的崇高夢想裡，對北方俯首稱臣**——也就是「團結」和「信念」——**將會使首爾得到自由。**

文在寅也許會對接待白頭山家族首位訪問青瓦臺的人感到榮幸，但參訪團其實握有許多張王牌。金與正處於主導地位，並有權提出過分的要求，甚至就像她放話威脅開幕典禮前夜的座位安排那樣：只要她有不滿，隨時都能中途離場。

但這位特使當天向文在寅透露，她攜帶著的、寫有「朝鮮民主主義人民共和國」字樣的藍色文件夾，裝有一封她哥哥的正式信函，並盛氣凌人的將信件放在面前。南韓東道主已耐不住興奮而不禁前傾、坐至椅子邊緣，但金與正不動如山，沒有直視熱情

▲ 金與正、文在寅和金永南在青瓦臺合影，三人站在一幅特別繪製的圖像前，上方的「通」字意味著兩韓的「相互交流」。（圖片來源：維基共享資源，Kim Jinseok〔大韓民國官方攝影師〕於青瓦臺的作品）

的南韓總統，眼光反而向下游移——別誤會了，這完全是她意興闌珊的模樣。

這張指標性的合照，完美捕捉了金與正傲氣凌人的一面，以及她對該空間內權力關係的看法。許多南韓人和各地觀察家都對此發表了評論，臺灣人以用「鼻孔看人」形容她。且就連門外漢都能輕易察覺，這位公主對南韓總統的不屑一顧。日本心理學家佐藤綾子便觀察道：「金與正將手肘放在座椅扶手上，這說明她根本不在乎是否要向文在寅展現出（東亞的）禮儀，甚至她對文在寅的微笑也是假的。」

然而文在寅難掩喜悅，未受任何影響。當金與正遞交藍色文件夾，噘起雙唇淡淡微笑，並伸出手握手時，文在寅微微低了頭，目光也跟著落下——這在韓國文化中，是對長輩或上級表示尊敬的方式。這樣的政治舉動如同前一晚發生的事，簡直前所未見、顛覆傳統。

文在寅對金與正極盡殷勤的表現，在這場設想周全的展示中，更展露無遺。他事前準備了一個驚喜：在一幅特別繪製的作品前，他先與金與正雙人合影，接著金永南加入一起合照。這幅作品上有個大大的中文字「通」，意思是「相互交流」或「相互溝通」，以黑色墨水和精緻的草書書法寫成。「通」字諧音「統」，意思是「擁有」。如果把「一」加到「統」字後方，就變成了「統一」。

該草書文字的右邊，則是墨水印製的朝鮮半島圖像，下方還寫著以下文字：

如果「統一」是最終目標，那麼「相互交流」就是實現目標的過程。在遇上死路後另闢新徑、在荒煙漫草之地開闢新的道路，是必要之事，唯有如此才能克服分裂、邁向統一之路。相互交流的本質和方法，是溝通和對話、不斷交流和理解。相互交流才能促進統一，並透過「通」往統一大業實現。

青瓦臺後來在報導中稱，文在寅向北韓來賓解釋了特殊文字「通」的含義，彷彿他的客人對此一無所知。他表示，他希望南北雙方繼續溝通合作，並告訴貴賓，他有多麼欣賞該作品的書法家申榮福。

事實上，金永南在奧運接待會前一晚，就已經從文在寅口中聽過這些話，當時這位總統在演講中說道：

「申榮福，是一位受人景仰的韓國知識分子，他曾說，與他人擠在一起面對寒冬、與身旁的人相互取暖，是最原始的友誼。我相信，世界各國領導人聚集在此、相互分享的友誼，將在江原道嚴寒的空氣中更加穩固。」

文在寅繼續說：「我們現在手中的小雪球（指不堪一擊的和平機會），必須透過齊心協力、合力推動。我和我的人民，永遠不會忘記世界送給平昌的友誼。我當以韓半島[1]的和平，回報眾人的努力。」

在場的外國賓客，可能無法領會該書法作品的意義，但至少北韓訪客之一金永南，應該知道文在寅對申榮福的情有獨鍾，而這位總統的偏愛，在行家圈子裡是眾所皆知的。究竟申榮福是誰？

文在寅左翼分子的過去

申榮福是名卓越的藝術家、知識分子、經濟學家和大學教授，他獨特的書法技藝，在南韓廣受眾人喜愛。甚至有個流行燒酒品牌，曾將「申榮福字體」印製在自家平價燒酒「初飲初樂」（처음처럼）上，這款產品能在南韓四萬間便利超商[2]中找到。

申榮福在一九六八年，被指控與北韓私下接觸，遭處間諜罪。他原先被判處死刑，後來改判終身監禁，在服刑二十年後，於一九八八年寫下放棄效忠北韓的誓言，並獲得緩刑。

多年後，他公開撤回那份宣誓，並表示：「我從未改變我的思想，也從未背叛我的同志。」他還褒揚北韓的「自主性」，同時譴責資本主義的南韓失去了「朝鮮民族的自主性」和被「衛星化」——也就是成為美國帝國主義下的衛星國。

然而，許多南韓以外的人可能不知道，**文在寅和他最親近的幕僚，都曾是抗議美國政權的異議人士**，更在一九八〇年代譴責美國帝國主義、讚頌金日成的反帝國立場。文在寅在他的回憶錄中寫道，他曾讀過由知名左翼記者暨評論家李榮熙所寫的書，該書精準預言了美國在越戰中戰敗的結果，令他覺得「十分欣喜」。

即使金與正並不認識申榮福這個老一輩的人物，但金永南必定也在前一晚，向金與正提過文在寅的言論，並為文在寅如此欣賞對祖父熱愛有加、真誠善良的南韓知識分子感到欣慰。她肯定也對祖父如何看待申榮福感到興趣。

一九七五年南越淪陷後，越戰中勝利的共產主義陣線便成為平壤的準盟友，並綁架了三名困在西貢的南韓官員。此後，金日成堅持將申榮福列入南韓的囚犯交換名單上，這麼做是為了讓南韓釋放如申榮福這樣的親北囚犯，而金日成也將說服越

1 編按：韓國稱朝鮮半島為韓半島。

2 作者按：韓國的超商人均密度全球第一，大約每一千兩百七十五人就有一家。

南釋放被捕的南韓人。但金日成從未如願，一九八〇年時，越南單方面釋放了南韓官員。

當天稍晚，青瓦臺公布了金正恩給文在寅的訊息。金與正告訴文在寅，北韓領導人「請求文在寅總統，在他方便時造訪北朝鮮」，「如果你與金委員長會面，並就各種問題交換意見，南北關係將能跨出一大步，使昨日成為歷史。我希望你能成為開啟統一新篇章的重大角色，為後人留下遺緒」。

「我們攜手實現吧，」文在寅回覆道：「並一同創造實現統一的條件。」他還補充：「儘早開啟北韓和美國的談判，對加深南北關係至關重要。」金與正應該理解，為解除美國和聯合國對北韓制裁下，禁止現金轉入和合資成立企業等措施，爭取美方的支持是關鍵。

文在寅表示，他對於跟金正恩一同舉辦高峰會的事，抱持引頸期盼的態度，但這對任何人來說都不是驚喜，因為**就連去年北韓如火如荼的試射飛彈時，文在寅也做了類似的呼籲**。金與正的使命，是利用金正恩舉辦高峰會的提議讓文在寅上鉤，進而軟化川普政府，以達到解除制裁的目的。她知道，文在寅肯定會全力以赴。

在青瓦臺長達兩小時四十五分鐘的行程裡，雙方擺了姿勢拍照、交流、用餐，還圍繞朝鮮和平統一的話題對話。目前，至少在青瓦臺，金與正的訪問被雙方視為空前的成功。

下午一點四十五分，北韓代表離開了總統官邸，返回海邊的鏡浦天空飯店，該飯店是江原道唯一的高樓，主宰了城市天際線，建築的玻璃總會反射出蔚藍的日本海和鏡浦湖。

妹妹扮白臉，金正恩再出辱招

當天稍晚，也就是奧運賽事開始的第一晚，金與正出現在賽場為女子曲棍球隊加油。她也現身晚宴餐會，身穿一襲套裝，外加樸素的栗紅色外套，手持附有金鏈的手提包。她身上沒有戒指、手鐲或項鍊——只有她父親和祖父微笑的徽章。然而當天晚宴的東道主，與午餐會面的主人，在官位頭銜上有著極大落差：負責晚宴的，是時任南韓統一部長趙明均，他前一天才剛在機場等候室迎接過她。

晚餐後，金與正出席競速溜冰的初賽。她坐在北韓啦啦隊組成的「美女軍團」後方觀看比賽，而金永南、國際奧委會主席湯瑪斯・巴赫和文在寅，則坐在她的右手邊。

金與正眼看南北韓合組的女子曲棍球隊，以八比零慘敗給瑞士。她可不是為了看北韓球員被血洗，才大老遠來到北韓人民口中的「南朝鮮」——也就是她的家族號稱統治、且有朝一日必定統治的南朝鮮半島。雖然如此，她在看臺上卻比前一晚在貴賓席時表現得更大方，微笑也更加自然。對許多人來說，這又是一個崇拜這位「平易近人」的公主的好理由。

兩週後，北韓前偵查總局局長金永哲，也是天安艦事件、二〇一四年對索尼影業（Sony Pictures）大規模網路攻擊的幕後策劃者，以北韓代表團領隊的身分出席了奧運閉幕式，引起巨大爭議。

究竟為什麼金正恩要在他妹妹廣受好評的訪問後，派遣如此爭議性的人物到南韓？絕對不是因為他沒有其他人選可用。原因很簡單，便是**為了使南韓加深對他善意的渴求**。

金正恩強迫南韓吞下越多屈辱，南韓就會更依賴最高領導的下次開恩。這或許能被稱為「首爾症候群」，也就是北韓獨裁者恩威並行、寬猛相濟的行為，通常能使南韓乖乖就範。至少，正如《美聯社》（*Associated Press*）所觀察到的，金正恩的決定有著「謹慎又羞辱人的企圖，旨在**測試文在寅為了降低南北的緊張關係，會退到什麼底線**」。

這對兄妹的計謀，即金正恩扮演「黑臉」、他妹妹扮演「白臉」的計畫，仍在初期階段。而因為南韓方誤判雙方角色出現的逆轉，將於接下來上演。

在金與正訪問的最後一晚，她接受了文在寅總統幕僚長任鍾晳的盛情款待。任鍾晳曾因參與一九八〇年代的激進親北韓抗議而入獄，他們相約在韓國國家劇院對面的飯店見面，因為金與正的最後一項行程，就是前往劇院觀賞表演。演出人員主要為北韓的三池淵樂團，搭配幾位南韓音樂家，這場賞心悅目的表演，將為她精彩萬分的訪問帶來畫龍點睛的收尾。

她來，她見，她微笑

到達表演廳時，她已經將普通的灰色外套脫下，換上奶油色的外套，搭配綴有金色鈕扣、相同色系的襯衫。南韓媒體持續注意她的一舉一動，任何一個臉部表情和服飾穿搭都不放過。

當晚她坐上哥哥的飛機返家時，奧運才剛結束第二天。但對南北韓而言，平昌奧運會已取得空前成功。「她來，她見，她微笑[3]」，還為哥哥接下來偷梁換柱的戲碼鋪好了道路。

兩天後的二月十三日，北韓官媒釋出了一張金與正笑臉盈盈、雙手緊緊抓住哥哥左臂的照片。影中金正恩的右邊站著金永南，臉上露出一貫的淺淺微笑，偉大的領袖也深情的握著這位九旬老人的手腕。而該次南韓之旅代表團中的另兩名高級官員，崔輝和李善權則分別站在兩側。

根據報導，金正恩對妹妹南下的結果十分滿意，照片中的他也露出了笑容。在短短幾天內，他們不費吹灰之力，就將自己從備受敵視的兄妹檔，變成國王陛下和公主殿下。**既然他們已成功將南韓玩弄於股掌之間，是時候將注意力轉向更大的舞臺了。**

3 編按：此處作者改編了凱撒大帝的著名捷報「我來，我見，我征服」（*VENI VIDI VICI*）。

第 12 章

兄妹攜手：「讓我們把目標轉向美國吧！」

南北韓熱線交流？金正恩或許會在心情不錯時給出自己的電話號碼，但與那些「有任期」的外國領袖通話，對他來說根本貶抑了自己的尊貴。

二〇一八年四月二十七日，上午九點二十五分，金正恩穿著招牌的黑色毛裝，臉上掛著燦爛的微笑，從板門閣走了出來——這是一座位於北緯三十八度「軍事分界線」以北共同警備區（Joint Security Area）內的兩層樓建築。這位北韓終身獨裁者，即將與南韓領袖文在寅舉行第一次峰會。

世界各地有數百萬人同時收看實況轉播，看著這位身形豐潤的領導人步下階梯，兩隻手臂輕鬆擺動，身旁跟著妹妹和其他六名高級官員。在距離共同警備區以南幾步之遙的地方，文在寅總統也從對面的「自由之家」走了出來，恭候金正恩。當北韓團隊接近文在寅時，金與正和其他官員向兩旁散開，以便讓南北韓領袖能在世界的注目下站在一起，並在軍事分界線上握手。

除非你從沒看過該影片橋段，否則一定會在這場會面中，見識到一名獨裁者演繹史上最戲劇性的形象轉變。短短幾小時內，金正恩的形象便從古怪、無情的獨裁者，轉化為親切大方的年輕小夥子。

▲金正恩與文在寅的世紀握手影片，取自《衛報》新聞。

變臉，領導人的拿手好戲

儘管這是這位北韓領導人出席過最受關注的峰會，但也稱不上是前所未有，甚至意想不到。在過去，他的父親早已為備受關注的南北韓高峰會設下了極高標準。分別在二〇〇〇年、二〇〇七年舉行的峰會中，全球觀眾都已被金正日一百八十度的大轉變震懾，並看著他從過去乖張、殘忍的獨裁者，搖身一變，成為和藹可親的政治家。

事實上，在一九七二年，金正恩的爺爺金日成也親自示範過如何在短時間內「改頭換面」，並接連在當年五月與《紐約時報》（*The New York Times*）記者見面，並於六月接受《華盛頓郵報》專訪，七月時更與哈佛法學院教授會晤，以及在接下來的一年內與數名日本記者和政治家見面。

然而，過去祖父輩的政治表演，和以金正恩為主角的場合有個重大差異：那就是他的妹妹金與正。峰會持續了一整天，終於在晚宴和餐後戶外表演後於晚間十點結束，這段期間金與正一直陪在哥哥身邊，她的魅力也迷倒了南韓官員和全世界上百萬觀眾。

北韓則以一部長達七十分鐘的紀錄片，記錄了金正恩任內首次峰會，內容不外平頌揚該高峰會是多麼成功的外交勝利，也如同旁白鄭重的說辭，峰會象徵著「朝鮮半島的戲劇性轉變」，不過該紀錄片，同時也展現了金正恩妹妹在政治體系中的地位。

她是能獨當一面的政治演員。除了她的哥哥之外，沒有其他人能散發如此自信的光輝，南韓的對手在相形見絀下，顯得簡直像跑龍套的角色。北韓最有權勢的兄妹檔，顯然已從父親那裡學到了峰會表演的藝術精髓。

金正恩面露笑容、走向文在寅，握住對方的手。在這個魔幻時刻，南北韓領袖伸出手，在五公分高的磚製分界線上緊緊相握，上下晃動，充滿了友好之情——雖然對於見過歷年南北韓峰會的觀眾而言，這只不過是另一種陳腔濫調而已。

而為了表現格外的熱情，金正恩還將左手放到文在寅的右手上，接著親切的邀請文在寅跨過分界線——踏入他統轄的北方國境。文在寅看起來很震驚，顯然沒有準備好面對金正恩突如其來的舉動。而在此處南方四十公里處的KINTEX新聞中心，掛滿「和平，新開始」標語的寬敞空間，三千多名南韓和外國記者都盯著大螢幕、不約而同的發出驚嘆。

隨著金正恩帶領文在寅走進他的王國，新聞中心內的歡呼聲完全不亞於韓國天團防彈少年團（BTS）成員田柾國（Jungkook）掀起衣角時，引發的粉絲尖叫。

金正恩和文在寅握著彼此的手，來回在邊境遊走的一幕令現場媒體報以熱烈掌聲。兩人簡直就像莎士比亞喜劇《錯中錯》（*Comedy of Errors*）中的一幕：其中一位丑角德洛米奧（Dromio）遇見自己失散已久的雙胞胎兄弟時說：「我們像孿生兄弟一般來到這個世界。現在讓我們形影不離，不分先後的一起走吧。」

即使是曾報導過歷屆南北韓高峰會的資深記者，似乎也對眼前景象非常買單。「這次感覺真的不同以往。」一名美國主要報社記者，在節目上如此告訴英國廣播公司電臺（BBC Radio）。

「大家每次都這麼說。」該節目的另一名評論家（本書作者）抱怨道。

「你為什麼這麼悲觀？」主播問。

「**人一旦嘗到被現實和歷史輪番擊潰的滋味後，難免會對事情開始幻滅。**」評論家回答。

大家都忘了，他手裡仍有核按鈕、集中營……

然而這場峰會裡，質疑者的聲音可沒有容身之處。在新聞中心，人們因為眼前的場景，個個下巴掉落、露出了不可置信的欣喜表情，許多人還流下了眼淚。在首爾市政府大螢幕上觀看轉播的民眾歡呼鼓掌，南韓民眾不分男女老少大聲歡呼，臉上滿是感動和淚水：一個和平的新時代即將來臨。**但對於那個狡詐的專制政權來說，一切都正按著計畫進行。**

一對南韓男孩和女孩上前，向北方嘉賓獻上一束花束，並由金與正從哥哥那接過花束、轉交給部屬。軍樂隊奏起音樂，儀隊則身穿色彩華麗、二十世紀前的傳統軍服，並手持傳統樂器，以及長矛、弓箭等武器。在這樣盛大的排場下，兩位領袖並肩走向南方的自由之家，與軍事分界線北方的板門閣遙相對望[1]。

金正恩與文在寅並肩而行、相談甚歡之時，必定感受到現場高漲的興奮情緒，而文在寅明顯看起來比幾分鐘前更為放鬆。踏上南韓國土後的每一步，似乎都象徵著新的幻想——和平、統一、去核武、同胞團聚、觀光商機、合資企業，甚至是諾貝爾和平獎（Nobel Peace Prize）。在紅毯不遠處，金與正也幾乎和哥哥同行前進。

在不合時宜裝扮的儀隊陪同下，南北韓領袖的隊伍終於抵達和平之家，南韓三軍士兵和身穿現代制服的軍樂隊，已在此等候多時。

金正恩自信的站在臺上，彷彿他過去已扮演過這個角色。雖然他只走了大約兩百公尺，或者說，大約半圈操場跑道的距離，他已上氣不接下氣。這是他第一次在公開場合展現出氣喘吁吁的模樣。兩人嘴巴微張，金正恩大口喘著氣，文在寅則張著嘴，無法掩飾他的驚訝。

就這樣，被川普嘲諷為「瘋子」、「胖子」、「執行自殺任務的火箭人」開始他神奇的轉變，搖身一變成一名普通的政治家。儘管該峰會牽涉許多關鍵議題——阻止核戰、建立永久和平——但這些目的，似乎只在這一刻才顯得觸手可及。

他的手裡仍然掌握著核按鈕、依然主導著關押政治犯的集中營、執行駭人聽聞的公開行刑，而且數十年來，他的父親和祖父早已練就金氏家族爐火純青的欺騙伎倆。然而在晴空萬里的春天天空下，這些疑慮似乎都被他即使喘息，卻仍然燦爛的微笑一掃而空。

當時雙方的隨扈官員人數相等，都是九人。當輪到金與正以倒數第二順位與文在寅握手時，她微笑著說：「很高興見到你。」雙方代表團繼續移駕到和平之家，開始第一次會談，金與正獨自行動，且以一如既往的下巴微翹、自信橫溢的模樣，對攝影機投以微笑。

1 作者按：此時南韓儀隊穿著朝鮮半島分裂前的傳統服裝，是為了先給北韓代表團打預防針，並緩衝稍後常規儀隊在北方獨裁者面前閱兵造成的衝擊。

三言兩語中，死亡威脅被一笑置之

和平之家內的會議室，在會前最後一刻進行了翻新，原本的矩形會議桌被更換成色調溫和的長橢圓桌，寬度正好是兩千零一十八公分，用以紀念這個吉祥的年分。工作人員也換上了新的地毯，溫暖的藍色，讓人聯想到描繪南北韓統一的半島旗幟，室內的背景則繪有藍紫色調的金剛山——這座山原本是南韓現代集團（Hyundai）在北韓物色的旅遊投資地點，但在二〇〇八年七月，因五十三歲南韓婦女朴萬子清晨散步時不慎闖入禁區，遭北韓警衛槍殺身亡後告吹。儘管如此，文在寅和他敬重的北韓貴賓仍在該作品前握手合影。

金與正在參訪過程中一直陪在哥哥左右，還幫他遞了一支筆，以便他在簽到簿上簽字。他在冊子上以白頭山家族慣有的斜體風格，寫下深思熟慮過的一句話：「新的歷史即將展開。在歷史的起點上拉開和平的序幕。」

而在正式會談前的簡短談天中，金與正直接坐在哥哥身旁，與坐在金正恩另一邊的間諜頭子金英哲地位相當，在接下來的正式談話也是如此。另外，在攝影機被允許入內拍攝的短短幾分鐘內，她是唯一在做筆記的人。

接下來則是閉門會談環節，之後才會由青瓦臺公布會議細節。金正恩顯然與文在寅說了類似這樣的話：「我聽說因為去年頻繁的導彈測試，導致您必須數次出席清晨的國家安全會議。」但他也親切的補充：「我向您保證，您之後都不需要再早起了。」

他還重現了父親在前兩次南北韓峰會中，展示的高超說話技巧，除了彰顯自己的寬厚為人，也對南韓脫北者展現出無比的同理心：「北韓顛沛流離的難民、脫北者，以及生活在砲火恐懼下的延坪島[2]居民，都對我們今天的峰會抱持很高的期望。我希望我們的會談，是修復過去南北關係苦痛的起點。在我眼裡，那條分界線不是堵高牆。隨著越來越多人跨越這條線，它將最終消失在眾人目光中。」

青瓦臺公布了這段富含同理心的珍貴言論，可能是為了確認，北韓領導人能終將成為致力於正義之事的理智人士。**但在僅僅兩年後，金與正便公然痛罵逃亡至南韓的人為「人渣」和「雜種」**。

金正恩在峰會中提到的延坪島炮擊也格外諷刺，畢竟根據一名前北韓間諜指控，**二〇一〇年十一月下令炮擊延坪島，以及當年稍早下令擊沉南韓天安號巡邏艦**

2 編按：南北韓分界線附近的一座南韓島嶼，曾數次與北韓爆發軍事衝突。

的凶手，都是金正恩本人。正如專家所知的那樣，如此針對南韓的致命攻擊，不可能在沒有高層命令下發生。但在這個難得時刻，文在寅似乎也對一切一笑置之。

對於文在寅總統想參觀白頭山的願望，金正恩則給了相當謙虛的回應：「我們最擔心的問題是，由於我們的公共交通運輸狀況不佳，您可能會在搭乘上感到不適。而我們訪問過的平昌的同志，都對KTX高鐵讚譽有加。對於習慣了這種頂級設備的您，我們的設施恐怕會相形失色。為確保您的舒適，我們將盡力為您的訪問，做好萬全準備。」

但這其實是種被動的攻擊，主要在暗諷南韓人安排金與正及北韓代表團從仁川機場搭乘高鐵前往江陵一事，並對這本該讓北韓大開眼界的體驗表達不屑一顧。**一位坐擁核武的神格化領袖，不應該跟任期有限、被舒適列車寵壞的領袖一般見識**。

這些客套話，無可避免的最終來到了金與正身上，文在寅總統指出她先前的訪問已在南韓掀起如「明星般的旋風」，這番話引來了全場的熱烈笑聲。文在寅繼續說：「這是我任期的第一年，自金正恩領導人的新年談話以來，我已寫下了新進展，我希望在剩下的任期內，繼續保持這樣的溝通進展。」

「金與正的部門提出了『萬里馬速度戰』的概念，」北韓最高領袖回答道：「讓我們將這視為實現南北統一的速度吧。」

概念中「萬里馬」的靈感，來自金與正祖父金日成，在一九五〇年代提出的工業快速發展運動「千里馬運動」，「千里馬」指傳說中能日行千里的馬。作為北韓宣傳煽動部負責人，金與正無疑提出了更有野心的口號，目標是一日萬里，即快了十倍。所有人都爆出了贊同的笑聲。

密談中，答應「在北方蓋核電廠」

午餐過後，雙方休息了一陣子。金正恩從一輛賓士 S600 Pullman Guard[3] 下車，旁邊簇擁著十三名壯碩的保鏢，再次伸出手跟笑容滿面的文在寅相握。金與正則遞給她哥哥一對白手套，並協助他戴上，免得在全世界面前把手套掉在地上，文在寅則自己戴上手套。

接著，兩位領導人合力「種下了」一棵松樹，儘管這棵樹早在朝鮮停戰協定簽署的一九五三年就已種下。兩人各鏟了三次泥土、撒落在樹根周圍，這些土壤分別

3 編按：該車不僅昂貴，防護等級也極高，足以抵擋突擊步槍至炸彈等級的威脅。

來自北韓的白頭山，和南韓最南端的濟州島漢拏山。

隨著旁觀者鼓起掌來，兩位領導人也跟著鼓掌，接著又握了手。金與正也遞給她哥哥一具淺綠色澆花器，裡面裝著取自平壤大同江和首爾漢江的水，兩位領導人便滿懷愛意的為樹木澆水。除了費力鏟土的短暫時間外，金正恩似乎都相當自在，彷彿他才是東道主。

在一塊刻著「種下和平與繁榮」字樣的巨石揭幕後，兩名領導人一同走上漆成藍色的狹窄木橋，完成精心設計的散步橋段，接著兩人在沒有隨扈圍繞下，一同在野餐桌享受茶點和私人談話，凸顯了領導人間的信任和語言交流。

那四十四分鐘的談話內容從未公諸於世，但**專業的唇語閱讀者，看到文在寅在某個時刻說出了「核電廠」這個詞**。文在寅後來承認，他在私下交談中交給金正恩的隨身碟，確實包含了在北韓建設核電廠，和發展「新經濟」所需的資訊。但除此之外，到目前為止，該隨身碟的內容也從未披露。

隨後在二〇二一年一月，也就是二〇一八年峰會結束後的三年又五天後，南韓產業通商資源部便開始起草於北韓建造核反應爐的計畫。但在二〇一九年十二月，產業通商資源部接受稽核的前一晚，其中一名官員刪除了該部門電腦中的十七個檔案，這些檔案都存在名為「pohjois」的資料夾中——**這個詞在芬蘭語中，是「北**

方」的意思。

該爭議爆發後，所有檔案都被還原並開啟。未經聯合國安理會批准的情況下，在北韓建造任何工業設施——更不用說核反應爐了——都違反安理會第二三七五號決議，該決議禁止北韓實施「成立、維護和營運合資企業」。產業通商資源部發言人則表示，這些計畫只是「南北韓能源合作」想法的一部分，僅供內部討論，並非官方政策。他也指出，其中一份文件點出了計畫執行上的困難，也就是一切都將取決於美國和北韓的核武談判結果。

在戶外上演了約五十分鐘的政治戲碼後，兩位領袖回到和平之家簽署《板門店宣言》[4]，這次再度由金與正拿筆給哥哥簽名，接著她幫忙拉開椅子讓金正恩站起來，與文在寅總統握手並交換各自簽署的文件。

在六點零一分時，兩人一起站在和平之家外，各自宣讀聲明。文在寅總統宣布「韓半島上將不會再有戰爭出現」，呼應了金正恩說的「實現朝鮮半島的完全去核

4 編按：又稱《四二七宣言》，南韓稱為《為促進韓半島和平、繁榮、統一的板門店宣言》，北韓稱為《為實現朝鮮半島和平、繁榮和統一的板門店宣言》。

化，是我們的共同目標」，並向世界保證，北韓迄今為止極為保守的「核凍結」措施具有「至關重要的意義」。

文在寅表示，他和金正恩已經同意共同發布「結束戰爭宣言」，而這將讓兩國通往和平的政體，以「徹底改變圍繞韓半島的國際秩序」。他總結，從今以後，雙方將「停止陸、海、空的一切敵對行動」，他和金正恩也將定期會晤，開通「熱線」直接對話。

南北韓從來沒有過這樣的交流，也永遠不會如此。北韓領導人或許會在心情不錯時，大方給出自己的電話號碼，但是與任期有限的外國領導通話，對他而言根本是貶抑了自己尊貴的地位。

二〇一八年六月中旬，川普在新加坡與金正恩會面數天後，號稱「將自己的電話號碼」送給金正恩一事，事後看來也一樣荒誕不羈。但是，目前的局面至少還充滿希望。文在寅向世界保證：「我們永遠不會走回頭路。」

輪到北韓發言時，金正恩談到南北韓人民之間共同的血脈：「雙方應該團結起來，一起過快樂的生活，不應該視彼此為需要對抗的外人。」至於這究竟意味著併吞南韓，還是被南韓收編；**是還給金正恩的人民基本自由，還是剝奪文在寅人民的自由，金正恩從未詳加解釋**。但他和文在寅總統同意將「肩並肩，密切交流和合作，使兩人今天在南北韓人民，和國際社會面前達成的協議，不會步上以往協議的後塵，在實施不久後便束之高閣，成為可恥歷史的一部分」。

這位突然變得如此平易近人的北韓領導人，所有話都聽起來像肺腑之言。雖然在他的講話過程中，穿插著辛苦的喘息聲，金正恩仍在結尾時罕見的對新聞界表達感謝，即便在北韓的定義中，「新聞」指的是傳播黨思想的國家黨工，而非獨立記者[5]。而在談話後，兩位領導人都沒有開放提問。

此時的金正恩，絕對有理由感到高興。就像他父親在二〇〇〇年和二〇〇七年簽署的前兩次南北峰會協議一樣，他剛剛簽署的協議，明顯對北韓較為有利。重建「民族血脈聯繫」並實現「由朝鮮人民主導的獨立統一」，則又是老調重彈了。

自一九九五年以來，金正日便將朝鮮民族定義為「金日成民族」（金日成國家或人民），並將整個朝鮮半島定義為「金日成朝鮮」。正如聯合聲明所說的，「我朝鮮民族」無疑對北韓來說意味著金日成－金正日民族：這是北韓擴大其審查和控

5 作者按：一九七二年五月二十六日，金日成曾在他的辦公室與兩名《紐約時報》記者進行長達三小時的會談，並親切的向他們解釋了這兩者的差別。

制權的藉口。至於南韓方，雖然他們應該看得出其中意圖，但仍認為這是可接受的修辭禮贈。

餐桌上的潛規則：金正恩才是老大

金正恩的妻子李雪主，也以一襲粉色外套和裙子的造型出現，頭上還綴著黑色絲帶；文在寅的妻子金正淑則以時尚的淺藍色套裝現身會場，其顏色的選擇令人想起統一旗上的藍色圖樣，兩位女性的出席皆為當天活動更添光彩。雙方轉移陣地至宴會廳，南北韓重要人物皆站在宴會廳入口迎接領袖賢伉儷，再次的問候寒暄，讓會場頓時充滿友善、情誼和歡樂的氛圍。

接著，幾位新的貴賓到場，排隊依序與文在寅、金正恩、金正淑，和李雪主等人握手。輪到金與正時，她輕輕上前與文在寅握手——在那短短的一瞬間，她臉上露出了一抹漫不在乎的淺笑——然後是她哥哥的手。金正恩與妹妹對視時，她雖撇開目光，卻依然笑著，彷彿試著避免透露她的想法——**這一天進展得順利無比**。

正如北韓官方紀錄片對晚宴的讚譽：「南方準備了許多主題特色菜餚，我方則呈上了玉流館製作的平壤冷麵[6]。」南方東道主竟特別邀請平壤知名餐廳，為這些北方貴賓準備他們在家鄉隨時可以品嚐的麵食，這奇怪的舉動引起了南方觀眾的共鳴，也使得這道菜在接下來幾天成了最炙手可熱的料理。

北韓旁白並未評論東道主所準備其他菜餚的特殊含義。例如，韓國版的馬鈴薯煎餅，這是金正恩一九九〇年代末期在伯恩就學時，就愛上的瑞士馬鈴薯料理。而為了向金氏兄妹在瑞士求學的過往致敬，菜單上還有瑞士巧克力、馬卡龍、蒙布朗蛋糕，和格律耶爾起司，但旁白依然選擇對北韓人民保持沉默，並對第一家庭成員在國外享受過的特權生活和教育隻字不提。

而一頓像樣的韓國料理宴席，可少不了美酒。除了香檳和葡萄酒外，現場還提供了兩種傳統韓國酒：杜鵑酒，一種酒精含量一八%，用杜鵑花瓣和白米釀製而成的酒；以及文梨酒，因其淡淡的酸甜韓國梨香氣而得名，酒精含量更高達二〇%，兩者也成了接下來傳統拚酒環節的主角。

北韓賓客特別青睞起源於平昌、有超過千年歷史的文梨酒，在北韓人一杯接一杯喝下的同時，南韓人則開心為其斟酒。他們用雙手捧過酒瓶（這是韓國傳統中對

6 作者按：將冷麵放在牛肉湯中，加上辣椒醬一起食用的料理。

長者展現敬意的作法），但是最高領袖當然沒有雙手合十的接受（傳統中的自謙手勢），而是只用一隻手舉起杯子。

金正恩當然每次都一飲而盡。幾乎三十名南韓貴賓，每人都給金正恩斟了一杯酒，而這名豪飲的酒客一次都沒有拒絕，直到他的臉上出現紅暈。與此同時，金與正也恭敬的用雙手，為文在寅夫婦各倒了一杯酒。

當晚，金正恩更帶來了一位北韓魔術師，據稱他是業中翹楚，最出色的魔術表演就是洗錢戲法——他會要求觀眾提供一張時值約四十五美元的五萬韓圓鈔票，然後將它變成一張一百美元的鈔票，實在是個可觀的賺錢方法。

這個重現北韓在現實中變出美元鈔票的魔術，帶來了當晚最熱烈的掌聲[7]。坐在主桌的金與正也被攝影機拍到合不攏嘴。這時的南北韓，早已分不清你我了。

這場峰會幾乎完美詮釋了古希臘哲學家亞里士多德（Aristotle）著作《詩學》（*Poetics*）中的三一律原則：「動作的一致」（峰會）、「時間的一致」（不超過一天），以及「地點的一致」（單一的場所，即該座邊境村莊）。短短一天內，**北韓最高領導人兄妹便將世界玩弄在掌心，或者至少已讓更多國家變得更容易受騙上當**。

這個令人難以忘懷的夜晚，最終在戶外音樂會中劃下句點，不過這對習慣了以十萬多名表演者組成的氣勢磅礴場面的北韓人來說，可能略顯乏味。金與正是最後離開建築、前往表演現場的人，並在臨時戶外座位區找了位子坐下。當時包含她哥哥在內所有人都已入座，她則隨興的走到自己的位置。

夜幕低垂，在握手告別的行列中，南韓人滿懷悵惘留戀的情緒，看著北韓「第一妹妹」經過她哥哥面前時，她蒙娜麗莎式的笑容瞬間凝固成意味深長的凝視，似乎在告訴哥哥：**「幹得漂亮，現在讓我們把目光轉向美國吧……。」**

7 作者按：美國財政部長久以來，都將北韓印製的百元美元偽鈔稱為「超級美鈔」，一言以蔽之，其偽鈔品質相當精緻、無與倫比。

第 13 章

新加坡峰會，一天就智取川普

僅透過一次會面，金正恩便讓川普在冗長的會後記者會上，稱讚他是「才華洋溢的人」、「非常值得信賴、聰明的人」。誰的功勞？

二〇一八年三月八日星期四，在南北韓歷史性峰會的六週前，兩名資深南韓特使前往美國白宮，並捎來令時任總統川普為之一振的消息。

在此刻的三天前，金正恩難得邀包括有兩位特使在內的南韓代表團，出席在他辦公室舉行的晚宴，這是自二〇一一年金正恩繼位後首次發出邀請。金正恩在近四小時的晚宴中，告訴他的貴賓們，包括時任南韓國家安保室長[1]鄭義溶和時任國家情報院長徐薰：「朝鮮半島的去核化，是我祖父的遺願和法令。」

隔天回到首爾後，南韓官員向全世界宣布了這個天大的好消息，但鄭義溶和徐薰並未止步於此。他們直奔華盛頓，向美國強調，這段話不僅出自於金正恩口中，而且——**金正恩有意想與美國總統召開峰會**。

在北韓，最高領袖的話絕對千真萬確、不可動搖。那麼不管怎麼說，金正日和金正恩應該不太可能貿然違抗北韓建國國父的「遺願」（儘管他們在三十多年來，都在不停增加核武）。

也許是時差的關係，使南韓特使未能向天真的美國人明確解釋，金正恩的確切用語是「朝鮮半島的去核化」，而不是「北韓的去核化」，以及使用這個特定用語，對北韓究竟意味著什麼。

半島的去核化，是指讓美國撤回武力

對北韓三位歷任統治者來說，這個平壤的慣用詞語，**指的是讓美國撤回所有核武器**（在一九九一年已實現）、美軍人員、來自南韓或日本等國，布署在朝鮮半島的所有戰略性武器，以及廢除《美韓共同防禦條約》。後在二〇二一年八月，金與正本人更明確表示：「為了讓和平降臨朝鮮半島，美國撤出在南韓布署的軍隊和武器至關重要。」

南韓特使也未提及，金正恩的父親金正日已多次重複使用「金日成遺願」這個陳腔濫調。例如在一九九四年，北韓在啟動濃縮鈾開發計畫的同時，也暫時關閉位於自家寧邊的主要鈽反應爐，以向美國索取價值超過十三億美元的食品和能源援助；二〇〇五年，北韓計畫在隔年開展第一次核試驗；二〇〇九年，北韓透過炸毀南韓海軍艦艇，建立起金正恩的功績。

1 編按：國家安保室，為主管南韓國家安全事務的政府單位，該機構的負責人為室長，由總統直接任命，並兼任南韓國家安全保障會議常務委員會委員長。

而到了二〇一三年六月，一名資深北韓官員竟在自己國家舉行第三次核試驗四個月後，也「湊巧」再次提及國父金日成的遺願。

即便金正恩語中「去核化」定義模糊不清，但川普在得知北韓獨裁者願意放棄核武，並願意與自己會晤的大消息後，仍當場就答應了邀約。**事實上，川普還告訴南韓人，越早安排越好**。最終會面的日子定在三個月後的六月，為這場前所未有的美國—北韓峰會拉開序幕。

彼時，美方以非傳統的方式釋出官方公告。川普沒有親自或透過辦公室發布聲明，而是由時任南韓國安委員會委員長鄭義溶在白宮草坪上，向媒體記者宣布該消息，當時甚至沒有任何美國官員在場。

鄭義溶宣讀匆忙起草的獨家新聞稿，並表示他稍早知會過川普，金正恩先前已經親口向自己表示，他將「致力於去核化」。不過，金正恩也未點明究竟是哪一方讓對方去核化就是了。

習近平和川普，平壤都不放在眼裡

在北韓相繼軟化南韓和美國後，金氏兄妹的下一站，是中國。

二〇一八年五月七日，金正恩和金與正飛往中國東北城市大連，與國家主席習近平會面。這是金正恩在短短五週內第二度訪問中國。自二〇一一年上臺後，金正恩充分展現反社交人格，曾長達六年不與任何世界領袖單獨見面或出訪國外。直到二〇一八年三月底，金正恩偕同妻子搭乘私人火車前往北京為止，南北韓峰會隨之於一個月後登場，北韓方還與美國總統敲定了會晤時間。

金正恩這個作法，依然取經自己父親的策略：金正日也在經過六年遺世獨立的生活後，於二〇〇〇年突然以熱愛周遊列國的可親人設，再度出現於大眾面前。當年五月時他祕密訪中、會見中國主席，接著在六月與南韓總統會面，七月時與俄羅斯總統會晤，在十月會面美國國務卿，並於翌年一月再度訪中，該次還特意訪問了中國經濟特區。但不幸的是，基於各種原因，各界期盼北韓在開放後會出現的和平改革，從未如預期般實現。

而讓中國，也就是北韓唯一的盟國和最大贊助商，參與金正恩的計畫也確實有其道理。因為金正恩計畫利用多邊和平策略，減輕對自己政權的制裁，並爭取時間建造更大規模的核彈——尤其在過去六年，習近平對這位北韓領袖一直感到不滿。

二〇一三年二月，在中國農曆新年期間，**金正恩曾以核試驗的方式向甫登上大位的習近平送上金氏風格的賀電**，這個訊息向中國明確傳遞了，這位年輕北韓領袖不容小覷的訊息。「我要讓這臭小子付出代價。」習近平曾這麼告訴歐巴馬。習主席也確實兌現承諾，**該年北韓對中國貿易額創下歷史新高，達六十五億美元**，這也證實了中國的一句諺語：「出來混，總是要還的。」

然而，面對一位擁有超過一百萬人軍隊的北韓領導人時，美國和中國都傾向使用安撫而非懲戒策略。值得注意的是，到了二〇一八年，習近平仍未訪問過平壤，即使他已在二〇一四年時訪問過首爾。但在金與正訪問南韓、掀起一陣旋風的那刻起，中國和北韓六年來不睦的關係，似乎頓時煙消雲散。

兩位盟友在大連握手寒暄、合影留念，還共進午餐。由於當時金正恩已與川普約好日期，做好讓地緣政治格局重新洗牌的準備，北韓和中國領袖雙方都有充足的理由，在北京舉行的北韓中國峰會結束不久後，再次安排與對方會面。

時間回溯至同年三月，當時金正恩受到了習近平的盛情招待，包括一字排開的解放軍列隊歡迎、奢華的宴會，還有要價二十萬美元的茅臺酒——一種傳統的中國烈酒。而在五月的大連，習近平和金正恩不僅一同用餐，還悠閒的在海灘散步，習近平和夫人彭麗媛於隔天也邀請金正恩兄妹共進午餐。如同北韓紀錄片旁白所描述的，現場被特地營造出如同家人般的「溫馨」氛圍。

既然金正恩即將藉由與美國的歷史性峰會，增加自身對抗中國的籌碼，習近平當然有理由在這時以最盛情的方式招待金正恩，或許還能暗自計畫，兩人對抗美國的下一步行動。

同年五月二十二日星期二，南北韓領袖在邊界舉行歷史性峰會約一個月後，南韓總統文在寅在白宮與川普會面，並告訴美國總統，他認為金正恩逐步放棄核武的承諾值得相信。殊不知，**川普將在僅幾天後的北韓美國峰會上，改變這種立場。**

川金會前途黯淡，兄妹緊急開會

五月二十四日，川普總統寫了封信給金正恩，取消了原定六月十二日於新加坡舉行、受萬眾矚目的雙方峰會。川普表面上的理由，如同一封詭異的大學入學未錄取通知，信件開頭寫著「在這場雙方長期促成的峰會中，我方由衷感謝您近期的討論和參與，以及付出的時間、耐心和心力」，「然而，您卻在近期聲明中，展現了無比的憤怒和公開敵意」。

川普指的是時任北韓外務省副相崔善姬，在幾個小時前的一份聲明，其中稱美國副總統彭斯為「政治白痴」。崔善姬此舉，為對彭斯近日在新聞節目上的評論表達不滿，彭斯在該節目中指出北韓應效仿利比亞，迅速提前拆除一切核武裝置。

不過，彭斯的意思並非要北韓成為利比亞第二，即由美國支持的政權推翻該國獨裁領袖、予以賜死。但崔善姬仍對此感到憤怒，並稱彭斯的評論為「愚蠢無知」，且「放肆、傲慢」。

這封突如其來的取消，令金正恩和文在寅相當錯愕。這兩位領袖需要重新制定策略，以保持著對虛偽和平的追求，不管最後結局會是如何。因此，在不到四十八小時後的五月二十六日星期六，金與正在不到四個月的時間內，第三度接見文在寅，這次是在她的家鄉主場、軍事分界線以北的國度。文在寅從豪華轎車下車、出席他與金正恩臨時召開的會議，此時距離兩人第一次會面，不過只過了短短不到二十九天。

然而，在川普取消峰會的隔天，他又突然宣布，雙方的新加坡峰會將於六月十二日如期舉行。他表示「北韓有意召開峰會」，而「我方也有意配合」。不過，他始終沒有確認峰會召開與否。這位自以為精明的談判大師，選擇模棱兩可的表述，使兩位緊張的南北韓領導人舉行臨時會議。

川普說的也沒錯。金正恩非常希望召開峰會，以讓美國陷入曠日廢時又看不見終點的核武談判過程，進而逼迫美國和聯合國，在針對北韓的制裁上讓步。**先前長時間的核武談判，已為平壤帶來了價值數十億美元的好處**。因此，在與文在寅會面五天後，金正恩變得更加主動，並派遣金英哲上將向美國示好，表達自己對「去核化」談判的渴望。

該年六月一日，這名北韓前間諜頭子，成為近十八年來首位訪問白宮的北韓官員。他帶著自家最高領袖的信件前來，所使用的超大信封袋，完全符合這位前真人節目秀主持人的自負性格[2]。最終，新加坡峰會將如期舉行。

金正恩與北韓團隊，於六月十日上午啟程飛往新加坡。政府高層官員和聚集群眾為其熱烈歡呼送行，高喊著「萬歲」，並認為他們舉世無雙的最高領導人，一定會把美國領袖踩在腳下。國家電視臺的主播說，偉大的領袖「已登上中國的私人飛機」，之後便沒有提供進一步資訊。

事實上，中國借給金正恩一架私人飛機——時任中國總理李克強所使用的中國國際航空波音七四七——以及北韓團隊南下飛往新加坡的不尋常航線，都象徵了中國對北韓領袖的支持：該航程有超過一半的路線都在中國領空上方，而非如一般航線飛越海洋。

2 編按：川普於二〇〇四年至二〇一五年，曾主持一檔真人實境秀節目《誰是接班人》（*The Apprentice*）。

繪有中國國旗和「中國國際航空」字樣的班機，在當地時間下午兩點三十六分降落在新加坡樟宜國際機場。在機場迎接來賓的，是新加坡外交部長維文。

這並非金與正第一次訪問新加坡了。她在二〇一一年二月，曾與哥哥金正哲一同來參加艾力．克萊普頓的演唱會。但金正恩似乎也對這座城市印象深刻，並在接下來的行程中告訴東道主：「新加坡以潔淨和美麗聞名於世。每座建築都有其獨特的風格，我希望能從新加坡身上學到許多新知。」

但金正恩的確必須多說點好話，畢竟，新加坡政府為這場峰會支付了一千五百萬美元的帳單，其中包括北韓代表團下榻豪華飯店的住宿費。新加坡總理李顯龍也為這筆開銷辯護，說這是提升國家聲譽的好方法。

當金正恩的三十多輛車隊，於下午三點四十分駛近瑞吉酒店（The St. Regis Singapore）時，一個熟悉的場景，在一片陌生的背景下展開——約二十名在旁待命的北韓保鏢，迅速包圍了金正恩的賓士座車，並在轎車旁小跑直到座車停止。

許多等著一睹北韓領導人風采的新加坡人和外國遊客熱烈歡呼。或許偉大領袖本人，已對這種場面見怪不怪，北韓電視臺主播卻仍語氣激動的說：「雖然無數國家元首已訪問過新加坡，這裡的街道卻從未擠滿如此多的歡迎人潮。」她說的話，確實有幾分道理。

除了對手換成美國，這次峰會沒什麼不同

在寬敞的套房內，金正恩舒適的坐在椅子上，面向包含妹妹在內的高階官員，咕噥著不清楚的指示，一邊放鬆手指。金英哲、李洙墉、李勇浩、崔善姬和努光鐵大將，各個站得筆直、手拿紙筆，準備隨時記下偉大領袖的深刻想法。金與正則站著聽了一會兒，接著便掛著漫不經心的笑容在房間裡遊蕩。**全北韓可沒有任何官員能這麼做，而不觸犯聖上、招致責罰。**

第二天晚上，金正恩和團隊步出酒店，在濱海灣金沙酒店（Marina Bay Sands）五十六層樓高的空中花園觀景臺上漫步。金正恩愉快的笑著，時而點頭回應導遊的解說，北韓領袖在眾人歡呼聲中凝視著夜景。相較之下，他的官員在鎂光燈下看起來渾身不自在，或許正為隔天的重大峰會惴惴不安。但是金與正彷彿把現場當成了自己家，經常獨自走動，臉上始終掛著招牌的輕蔑微笑，偶爾搖擺著手臂，看起來沒有一點煩惱。

在峰會當天早上，金正恩在上午八點十分抵達會議地點——位於聖淘沙島上奢華的嘉佩樂酒店（Capella Singapore）。兩天前就已抵達新加坡的川普總統隨後也到場。上午九點，這兩位領導人終於在世界舞臺上，首次面對面握手。

川普善用自己多年來的電視明星經驗，將左手放在金正恩的右肩上二秒鐘，明顯主導著握手動作。金正恩嘴巴微張、在恍神的瞬間抬頭望向較高的川普，而非刻意固定頭部或直視前方，即便這麼做時，他的目光將落在川普的下巴上。

金正恩也在意識到自己姿態後，馬上恢復了理智。當兩人轉身面對快門聲此起彼落的記者時，金正恩擺出了強人的姿態——胸部挺直，雙臂微微向前伸展，愉快的微笑此刻變成了嚴肅的皺眉。

這歷史性的一天，以午餐後的聯合聲明簽署作結。該協議是統整過去羸弱聲明的淡化版本。北韓承諾「推動朝鮮半島的完全去核化」，而不只承諾「放棄所有核武器和現有核計畫」（二〇〇五年的內容）。甚至舉辦簽署儀式，顯示出**雙方更感興趣的，其實是有所進展的外部展現，而非實質內容。**

金與正和美國時任國務卿蓬佩奧，一起等待各

▲金與正為哥哥遞上筆，讓他在 2018 年的新加坡峰會上，與川普一同簽署聯合聲明。（圖片來源：維基共享資源公有領域）

自的領袖進入房間。金與正為哥哥拉開椅子，將筆盒放在桌上。她和蓬佩奧各自拿著兩個文件夾，其中一個裝有韓文版的協議，另一個則裝著英文版協議。代表美國的文件夾是深藍色的，北韓的文件夾則是深栗色。兩人分別將文件遞給自己的領袖簽字，交換後再次簽署。

在最後一張文件簽署完畢後，川普和金正恩留在座位上向媒體發表聲明。在對方的文件夾仍擺在自己面前時，他們相互握手，對著攝影機微笑後起身，並**在未知的情況下，拿起錯誤的文件夾走出房間**。在這歷史性的一刻、相機快門聲此起彼落之際，金與正和蓬佩奧都不敢在兩位領袖展現和平的莊重時刻貿然打斷場面，只為交換正確的文件夾。川普和金正恩在走廊裡繼續拿著錯誤的文件，這個尷尬的意外插曲，只能說為這場表象勝過實質內容的場面下了完美的註解。

儘管全世界可能是以興奮的心情，收看這場史無前例的美國北韓峰會，但這場峰會，最終只證明了這不過是歷屆北韓與他國峰會的翻版而已，唯一不同之處，在於這次的對象是美國總統。

北韓領袖不僅主導了這場大秀，營造對和平、和解、改革和去核化的期待，而且如同外界向來的理解，金正恩根本無意兌現承諾。他誘使川普暫停未來幾年與南韓的聯合軍事演習，甚至用平壤慣用的措辭「戰爭遊戲」，來指稱這些例行防禦性演習。川普將演習視為「挑釁」和「所費不貲」，並表示美國將透過暫停演習，「省下一大筆錢」。

從對手到粉絲，收服川普只消一天

這次峰會也像前三次南北韓峰會一樣，成為「重新定義」、甚至是將北韓侵害人權一事洗白的場合。就在二〇一八年一月，川普才在國情咨文中，譴責金正恩是「暴虐無道的獨裁者」和「道德淪喪的人物」。但僅透過一次會面，同一位獨裁者在當天峰會結束時，**不僅成功讓原本的批評者在人權議題上沉默，還讓川普在冗長的會後記者會上，稱讚他是「才華洋溢的人」和「非常值得信賴、聰明的人」**。

當川普被美國記者問及北韓侵犯人權問題時，他回答：「我相信那裡的情況很複雜，不過複雜的地方不只那裡，很多地方都是如此。」後來還將北韓勞改營，與面對人權問題的自由社會相提並論。

在搭乘空軍一號（Air Force One）返回美國的航程中，川普接受福斯新聞（Fox News）的布雷特·貝爾（Bret Baier）訪談時，仍繼續美化金正恩。貝爾向川普指出，北韓獨裁者是名殺人如麻的「劊子手」時，川普反過來替金正恩說話，稱讚他是「強硬的領導人」。

不僅如此，川普還繼續說道：「想像一下，你從父親手上接下一個處境艱困、人民貧困的國家，我不在乎你是什麼身分，或有多大的優勢，能在二十七歲時做到這一點，就是只有萬分之一的人才能做到的成就。」

「他的談判技巧相當卓越，」川普總統語帶讚賞的承認：「但我認為我們可以相互理解。」

貝爾提出異議：「但您不可否認，他確實做了許多令人髮指的事情。」川普也堅持己見：「是的，但其他人也做了同樣罪不可赦的事情。我可以列舉很多國家曾經做過的不少壞事。」

空軍一號降落在美國本土不久後，川普在推特上發文：「剛降落。」語氣充滿著興奮之情，彷彿是第一次從國外壯遊回來的青年。「這是一次長途旅行，相較於我剛上任那天，大家現在能感到更安全，不再會有來自北韓的核威脅了。」另一則推文中，他則向美國和世界其他地方的人民保證，他們「今晚可以安心入睡」。

新加坡峰會上，還出現了其他既幼稚又自私的古怪橋段。美國代表團準備了一段影片，旨在鼓勵金正恩走上更好的去核武和經濟改革道路。為了推廣理想的資本主義社會，影片以北韓的東海岸城市元山為例，將其改造成熱門觀光景點，而該城市正好是金氏家族的度假首選。

金氏兄妹在元山宮殿般的豪宅，度過了童年和成年時期，因此川普告訴兩人，他將藉由在元山建造濱海酒店和別墅來幫助國家發展，以此換取金正恩放棄發展核武（或者，金正恩口中的「寶劍」）——金氏兄妹一定覺得可笑至極。

為了向金正恩推銷他的「金援換導彈」計畫並創造歷史，川普隨後播放一部四分鐘的類電影預告片，這部奇怪的影片，據稱是由美國國家安全委員會製作，講述如何做出大膽決策，並成為歷史偉人。

川普在峰會後的記者會上再次播放該影片，並告訴上百名記者，金正恩「很喜歡」。該片以一對北韓男孩和女孩奔跑穿越金日成廣場的特寫開場，隨後伴隨羅馬競技場、紐約時報廣場、埃及金字塔、長城、泰姬瑪哈陵、現代南韓南大門的夜景、華盛頓特區的林肯紀念堂，以及一面巨大的北韓國旗等影像。這麼安排，或許是為了喚起歷史和宏偉大業的記憶。

旁白同時以戲劇性的男中音講述：「地球上住著七十億人口，卻只有少數人會名留千古。而能做出決定或採取行動，改變歷史軌跡的人更少之又少。」

如果這部影片是某個高中學生的暑假作業，或許能在課堂上播放時贏得掌聲，但其媚俗的視覺效果和老套的「特效」，都令人感到滑稽至極。其中一段夜間空拍鏡頭，呈現了朝鮮半島燈光熠熠的南韓，對比黑暗中的北韓——突然之間，北韓奇蹟似的亮了起來。

顯然，如果金正恩能夠聽從川普的建議，想必前方就會是光明璀璨的未來。影片的主旨，也明顯是要北韓領導人做出大膽的決定。這段影片還包含北韓於二〇一七年三月五日同時發射四枚中程導彈的片段，預示著這些導彈將在未來逆向飛回發射井中，締造更幸福的未來。

「屆時世界將關注並聆聽這位領袖的話，並對他抱持無限的期待和希望。」而在這個超級英雄一手打造的新世界中，旁白繼續說：「這位領袖會選擇推動他的國家、成為新世界的一部分嗎？他會成為他人民的英雄嗎？他會握手迎接和平，享受前所未有的繁榮嗎？更美好的生活，抑或更加孤立？他會選擇哪條路呢？」

儘管後續峰會依然布滿破綻百出的各式陷阱，**北韓的超級英雄打從一開始選擇的道路早已再清晰不過**。

飛彈換房地產？金氏兄妹不吃這套

在記者會上，川普總統仍不願放棄，持續建構他對幸福北韓的未來願景：「舉例來說，他們的海灘很漂亮。每當向大海發射大砲，就會看見如此動人的美景，對吧？我就說：『看看這風景，不在那後面蓋一座大樓，豈不是很可惜？』並解釋說：『與其發射導彈，你可以在那裡建設世上最好的飯店。』何不從房地產的角度思考看看？」

然而總統未能理解的是，金氏兄妹在元山早已擁有世界一流的設施，還有數十座散播在他們窮困國家各處的豪宅，他們也不會因為多數子民生活在飢寒交迫中而輾轉難眠。

實際上，金氏兄妹已計畫在元山建立一處占地四百平方公里的國際觀光區，並向東南方延伸一百多公里，直到金剛山為止。不過此建設工程要晚一點才會動工，該項目八字都還沒一撇。

而無論川普的理由是什麼，能確定的是，金氏兄妹認為用核武換取救濟物資，是筆不划算的交易。**當他們能以核威脅作為籌碼，敲詐數百億美元的現金、食物和燃料時，何必為了貪圖建築資源和財政支持，而交出武器呢？**這對他們父親的功績是種羞辱。金氏兄妹在新加坡聽川普訓話時可能也心想，總統先生，您的建議與我們國家利益背道而馳，甚至大逆不道呀！

後於文在寅、川普與金正恩的三方峰會期間，金正恩已變得像雄才大略的理智領袖。這位年輕的北韓領導人挺直身子，帶著親切的微笑，簽署正義之事的聲明。與此同時，金與正的配角角色在在顯示出她與哥哥的親近程度，她的影響力也絕對不言而喻。

不過她的角色，以及她與哥哥的關係常常被誤解。她總是靈活的跟在她動作緩慢、站姿僵硬的哥哥身旁，攝影機在拍攝金正恩時，可以看見她頻繁進出畫面，為他拉椅子以便讓他在簽署桌前坐下、在他面前放置萬寶龍（Montblanc）鋼筆盒，以便他簽署簽到冊和聲明，以及不論金正恩前往何處，她都如影隨形——**金與正，就是他的影子兼忠實助手**。

然而，當金正恩簽署完文件，由她交給南韓和美國方時，她交手的對象其實與她完全不在同一個級別。就算是國務卿蓬佩奧，那位與她交換金正恩和川普聯合聲明副本文件夾的官員，也不能跟她平起平坐。無論其職級有多高，他們都像其他國家元首一樣，受制於任期限制。

即使是中國主席習近平——他在中國共產黨內擁有主導地位，並取消了國家主席任期限制——也受到某種程度的制約和權力平衡。但金氏兄妹對權力的掌控是無所限制、全能且不可侵犯的。雖然北韓與中國或美國相比，只是個彈丸小國，但金氏家族可以永遠統治它。**他們不僅是國家的掌舵者，更是擁有者**。

去核、訪問首爾……總會跳票的承諾

三個月後，更加戲劇性的事件發生了。當文在寅總統於二〇一八年九月中旬訪問平壤時，金氏兄妹全力以赴展現東道主的責任。在平壤國際機場，兩位領袖愉快的擁抱對方。金與正則陪同南韓領導人夫婦穿過停機坪，旁邊則有北韓居民瘋狂歡呼著「統一」。

這支南韓的重量級代表團，包含十七家企業總裁，如三星、現代和LG，還有宗教領袖和親文在寅的政治人物，他們花了一個下午參觀平壤的兒童醫院、劇院和音樂學院。當晚宴會結束時，金正恩顯然對餐會感到相當滿意，臉上也因大量飲酒而泛紅，他一邊興奮的擺動雙手，一邊離開了大廳。

該次交流的成果，是二〇一八年九月十九日的《平壤宣言》和一項南北韓軍事協議，基本上就是金正日與盧武鉉於二〇〇七年簽署聯合聲明的翻版。多年後，令人不意外的，其中並沒有一項目標被實現。

例如，將西部海域名義上的海上邊界，即北方界線，轉變為容許南北韓共同捕魚的「海上和平區域」的願望，似乎與二〇〇七年時一樣遙不可及。兩年後的二〇二〇年，北韓衛兵槍殺了一名在西海載浮載沉的南韓官員，然後將他的屍體燒毀。

然而，真正的驚喜卻在文件的最後。

在該段中，南北韓雙方同意停止「在對峙地區展開軍事敵對行為」；開展「不間斷的溝通和密切協商」；重新開啟兩家已停業的南北韓聯合企業、開城工業區和金剛山旅遊項目；連接「東海岸和西海岸的鐵路和道路」；合作南北環境和公共衛生計畫；開設「永久的家庭團聚會所」並展開「離散家庭之間的視訊會議和視訊交流[3]」；深化文化交流；安排朝鮮藝術團下個月訪問首爾；未來聯合參加奧運；「共同紀念三一獨立運動日一百週年[4]」；「密切合作追求朝鮮半島完全去核化」，這也是已故跟在世北韓領導人由衷的願望；還有最後，**金正恩主席將「儘早訪問首爾」**。

但就像過去的南北韓協議一樣，**所有內容都是紙上談兵**，因為北韓會恣意違反

3 編按：指因戰爭原因，被迫分隔於南北韓兩國的家庭親人。

4 作者按：一九一九年三月一日，韓國人發起針對日本殖民統治的和平抗議，並宣布朝鮮獨立。日本以殘酷的手段鎮壓，殺害無數抗議者，這場運動也未獲得任何國家的認可和支援。但這起事件在後來成為南韓國定假日，因為它促成了在中國的大韓民國臨時政府成立，也象徵朝鮮民族的抵抗精神。然而在北韓，這場運動並沒有獲得太多關注。

協議，而南韓也無法強迫北韓履行承諾。

在北韓保留的副本中，文在寅總統的簽名照慣例應該出現在金正恩的右邊。但文在寅模仿金正恩的「白頭山筆跡」，以四十五度向上傾斜的角度簽署自己的名字（他在自己保存的副本中沒有這樣做）。如果這麼做是試圖討好金正恩的舉動，那恐怕造成了反效果。這位偉大的領袖不可能對南方領導人有任何好感，無論對方是臨時的還是次要的，都不能侵犯白頭山家族神聖的獨特風格。

當晚，文在寅總統和南韓高階官員們受到大規模的招待，就像二〇〇七年十月，時任南韓總統盧武鉉接受的招待一樣，只不過金正恩在款待上更上了層樓。九月十九日，文在寅成為首位在北韓演講的大韓民國總統，面對平壤十五萬民眾。文在寅起身演講，旁邊坐著金正恩。這將是個永世流傳的夜晚。

但沒什麼人注意到，金與正在文在寅演講期間一直站在他身後，銳利的目光集中在他的腦後。

文在寅向民眾介紹自己時，稱「南方的總統」，而非「大韓民國總統」。他向金正恩「即使面對艱難仍展現無比勇氣、捍衛民族驕傲」表示敬意。如果說這是段意有所指的讚美，即暗示當前最高領導人統治下的人民，生活還比不上他父親的時代，那麼文在寅演講的其餘部分，則更能安撫人心。

隔天早上，南方代表團被邀請參觀傳說中的白頭山。

在二〇〇七年盧武鉉與金正日會面時，當時北韓領袖曾出其不意的問道：「南方人為什麼要先飛到平壤，然後再飛往白頭山？而不是直接從首爾飛往白頭山？」一個更光明的未來就此誕生：首爾與三池淵之間的直飛航班。三池淵是白頭山腳下設有機場的主要城市，有望發展成南韓遊客的熱門旅遊景點。

這聽起來過於美好、如夢似幻，多麼誘人！那些有錢的南韓人，終於可以親眼看到這座山，北韓也將從中獲得金錢收入。普通的北韓人也會遇見自由的南韓遊客，並受他們啟發，接著慢慢的——如同南韓長期以來的幻想——透過慷慨的援助和投資，讓北韓走向自由開放。但南韓人花了一段時間，才意識到北韓領袖根本就是口是心非。金正日也拒絕再討論這個問題。

但這位年輕、在瑞士受過教育的兒子可能會有所不同。二〇一八年九月二十日，他帶著文在寅和隨行人員造訪這座聖山。當南韓隊伍於上午八點十五降落在三池淵機場時，金正恩夫婦穿著長款黑色大衣，在此恭敬的等候著。南韓人顯然沒有為九月中旬，三池淵冷冽的空氣做好萬全準備。文在寅夫人一度冷到發抖。

對南韓代表團來說，白頭山的登山活動是臨時的驚喜，也是南韓人終身難忘的經驗。正如金正日曾出其不意建議，開通首爾到三池淵的航線一樣，**金正恩也突然**

提議帶領南韓代表團，參觀這座北韓人口中的「革命搖籃」。不同之處在於，這位兒子討論的不僅是假以時日的造訪行程，而是實際帶領南韓人攀上白頭山。南韓代表團所需的冬季外套，也迅速從南方被空運了過來。

在北韓紀錄片中，南韓代表團陶醉於歡樂的氛圍中，在他們欣賞四周壯麗的風景時常掛著笑容，或相視而笑。他們依序蹲在小溪邊品嚐冰冷的溪水。首先蹲下來，舀起一把水喝的，是南韓間諜局長，文在寅和其他人也用塑膠水瓶裝滿珍貴的白頭山水。

在兩對第一家庭夫婦的留念合影中。文在寅輕拍金正恩的左手，並高舉他的手臂，而最高領袖也沒有抗拒。時任南韓外交部長康京和，還向金正恩展示如何用手指比出愛心，這是近年來韓國流行文化席捲全球的招牌手勢。北韓領袖們面帶微笑，試圖跟著做。

同時，南韓代表團興奮不已，一再請求北韓領導人與他們合影，結果形成了一條不短的隊伍。導致金正恩有點厭煩的說：「夠了。」在一片活躍的氣氛中，唯有金與正站在鏡頭之外，以帶著蒙娜麗莎式微笑的招牌表情看著開心的南韓人。

午餐結束後，南韓代表團在三池淵機場告別，在此期間金正恩一直對文在寅表現出充分的禮貌。當總統兩小時後降落首爾機場時，文在寅臉上也帶著燦笑，而等待的官員歡呼擊掌。這是英雄式的凱旋歸國。

當時沒人能預料到，局勢將於不久後急轉直下。隔年（二〇一九年）二月，金正恩和川普在越南河內舉行的第二次峰會，則以僵局告終，這也將阻礙南北韓聯合說服美國，解除對北韓金氏政權的制裁。

儘管制裁仍未解除，但自金與正訪問南韓後，制裁北韓的力道已大不如前了。北韓在二〇一八年上半年，只做了一些無關痛癢的表面工夫，例如引爆舊地下核子設施的入口、暫時凍結核彈試射場和關閉部分導彈發射場，以誘惑川普首次與金正恩在新加坡會面。但這三處核武場所終究仍重新開啟。沒有再次對外敞開心房的，則是金氏兄妹。

在平壤和白頭山盛情款待文在寅後，兩人顯然覺得大失所望。**無論文在寅如何奉承或對他們伸出友好的雙手，在不久後，他們也盡數以嘲笑和侮辱回敬**。從二〇二〇年三月到二〇二三年三月，金與正平均每六週就對文在寅、他的繼任者和美國開砲謾罵。正式聲明的頻率和侮辱的嚴重程度，都表明了這是有計畫的謀略，而非僅僅是情緒宣洩。當前的金與正將為她的敵人——無論是南韓還是美國——帶來一場血色風暴。

第 14 章

必要時，我也能登基

金正恩的統治和權力是神聖、不容侵犯的，但他這份與生俱來的權力，也能轉嫁到妹妹身上，在必要時，她也能登基、成為女王。

世人對於金與正，如同對她的哥哥一樣，總是抱持著一廂情願的期待。僅僅因為曾在瑞士求學的緣故，許多人起初都認為，她的哥哥會是潛在的改革者。二〇一八年，金正恩以親切的容貌面對世界各國領袖時，引發了相同的臆測。或許這次真的能有所不同？

同樣的猜測也落在妹妹金與正身上，二〇一八年對金氏兄妹來說，是收穫滿滿的一年。首先，她的出席為平昌冬季奧運會增添了魅力和曝光度。接著在四月時，陪同哥哥會見文在寅；五月時會見習近平；五月稍晚再次會晤文在寅；六月會見川普；九月時又與文在寅在平壤相見。

妹妹不是祕書，而是第一心腹

許多評論家認為，金與正形同哥哥「祕書」的角色。例如，為了與川普召開第二次峰會，二〇一九年二月時，金正恩從平壤搭乘火車前往河內，車程共四千五百公里、歷時六十九個小時。在過程中，曾有攝影機拍到兄妹倆半夜在休息站，獨自站在火車旁，地點位在中國廣西省南寧市，距離越南邊境僅兩百多公里。當時金正恩抽著菸，他的妹妹則雙手幫他捧著水晶菸灰缸。有人看到這一幕後，用「唯命是從」來形容金與正。

然而，金與正的行為絕對稱不上唯命是從，而是展現了她的獨特性——**她是北韓領導人唯一全然信任、能在沒有傳喚的情況下隨時接近他的人**。她並非唯唯諾諾的祕書，而是滿懷信心、一絲不苟、富有母愛光輝的女性。她這麼做，是為了確保哥哥不會遺留含有他DNA跡證的菸蒂，以免遭外國情報單位取走利用。

除了金正恩的妻子外，沒有人能和金與正一樣，以有如第一夫人的身分，跟金正恩有如此親密的接觸。但李雪主終究並非政治人物，在國家事務上，能輕易接近最高領導人的除了他親愛的妹妹外，沒有第二人。

二〇一九年二月二十六日約莫中午時分，火車駛進河內車站，金與正是第一個下車的人。她身穿黑色套裝和高跟鞋，下車查看四周，確定沒有危險後，重新上車帶領哥哥出場。

而在金正恩收到花束時，她一個箭步向前、推開金英哲，將累贅的花束從哥哥手中接過。當天稍晚，也有人看到她在偵查索菲特傳奇大都市酒店（Sofitel Legend Metropolitan Hotel），這是金正恩與川普將舉行峰會和晚宴的地點，也有人拍到在她哥哥訪問前，金與正也先行去了北韓大使館一趟。

若非身上流著白頭山家族的高貴血液，北韓的第一妹妹忙於檢查會面地點和照顧哥哥的行為，可能讓人將金與正歸類為「活動策劃人員」或「禮賓司」的角色。然而金與正的角色遠不止於此。畢竟，金正恩的國政事務，包括外交訪問，都是家族事業的一部分，而她是以獲得老闆全部授權的角色，來推動和監督這些業務。

然而，**金氏兄妹在河內遭遇意外的滑鐵盧**。家族磨練多年「先誘騙後享受」的策略踢到了鐵板。他們舟車勞頓、千里迢迢從北方過來，期望的就是川普奉上大禮：解除美國和聯合國對北韓的所有制裁，以換取北韓關閉寧邊的核子反應爐（反正對北韓來說，這也只是虛晃一招），接著他們就能再次搭上火車，享受一趟春風得意、滿載而歸的返家旅程。

兩人的父親曾在一九九四年、二〇〇五年、二〇〇七年，和二〇〇八年祭出同樣的計策：為了讓北韓短暫關閉反應爐幾年甚至幾個月，川普的前幾位美國總統，慷慨贈予了價值超過十三億美元的燃料和食物援助作為回報，而南韓的援助更是美國的十倍。

美國不僅恢復了對北韓糧食援助、解除金融制裁，二〇〇八年，美國國務院還將北韓從支援恐怖主義國家的黑名單上除名（雖然川普在二〇一七年，奧托．瓦姆比爾逝世後，已重新將北韓放入名單）。

北韓真正的計謀並非從未被抓包過。例如一九九四年，北韓在簽訂《朝美核框架協議》（*DPRK-U.S. Nuclear Agreed Framework*）後，仍暗中推進濃縮鈾計畫；或是在二〇〇〇年左右時，六方會談正如火如荼的進行時，持續向利比亞和敘利亞提供核武原料。即便如此，美國仍選擇以禮相待，而非刺激北韓，進而引發平壤當局對南韓發動小型但致命的攻擊。

北韓後來還幫助敘利亞建造了與寧邊幾乎一模一樣的核反應爐，美國對此事，還是採取睜一隻眼閉一隻眼的態度。由於美國自己身陷二〇〇三年入侵伊拉克的政治泥淖，以至於以色列想要發動軍事行動、炸毀敘利亞核反應爐時，小布希政府決定袖手旁觀。

在經過幾個月內部商議後，以色列最後單獨行動。二〇〇七年九月六日，以色列出動八架空軍戰機炸毀反應爐。而敘利亞作為《核不擴散條約》（*Treaty on the Non-Proliferation of Nuclear Weapons*）的簽約國，也只能摸摸鼻子吞了，免得它跟北韓嚴重違反條約的核武合作招致進一步審查。

北韓不給承諾，川普就一走了之

在河內峰會上，川普肯定會走上援助和綏靖主義的道路，甚至可能更進一步。

畢竟，他是首位也是唯一一位與北韓領導人握過手的美國總統。這歷史性的場面激起了外界對長久和平的期望，甚至連川普將獲頒諾貝爾和平獎的謠言都不脛而走。川普非常吃阿諛諂媚這一套，而且就像日本和南韓的領導人，金正恩本人也對他恭維有加，以致在此幾個月前，川普才大談他如何「愛上」了北韓領導人。

愛爾蘭作家蕭伯納（George Bernard Shaw）曾說過：「完美的愛情關係，最好完全只透過書信往來。」截至二〇一九年初，金正恩和川普早已透過數月的通信來鞏固關係。在二〇一八年九月二十日寫給川普的信中，金正恩談到文在寅對去核化過度執著，在他看來，這些是非必要的。他還寫下這是「**北韓與美國的事**」來滿足川普的虛榮心，表達希望直接與川普交涉的意願。

當然，國家之間的三角關係也如同個人之間的三角戀，是複雜、棘手的事。然而，前一天才熱情招待文在寅夫婦登上白頭山的金正恩，轉眼間卻在書信中，將文在寅貶得一文不值，也表明了總統夫婦受到的輝煌禮遇，不過只是過過形式罷了，金正恩真正想交涉的人是川普。或許，他還能說服美國總統與北韓簽署和平條約，讓所有美軍撤出南韓。

不過，擋在這項計畫前方的，是時任美國國家安全顧問約翰．波頓（John Bolton），二〇〇一年初以來，他就成為北韓恨之入骨的眼中釘。波頓向來以對北韓和伊朗採取強硬鷹派立場聞名，如果金正恩拒絕透露並關閉所有核武設施，他認為，川普應自行退出談判。

在峰會上，金正恩拒絕了川普的要求，同時要求解除二〇一六年以來，對北韓祭出的所有制裁——占了當時所有制裁的九〇%。波頓在二〇二〇年出版的回憶錄中寫道，他和國家安全團隊曾多次警告川普不要重蹈覆轍。

二〇二〇年二月十二日，在白宮戰情室的籌備會議上，波頓為了「防止災難重演」，他播放了一則影片給川普看，影片以卡特、柯林頓、小布希、歐巴馬各自聲稱與北韓達成重大協議的新聞片段作為開頭。三天後，在第二次會議中，波頓再次向上司播放北韓宣傳片，內容顯示「**北韓依然如火如荼的繼續這場戰爭遊戲**」，即便美國和南韓在新加坡與金正恩首次會面後，已取消後續例行的軍事演習。川普要求提供影片檔案副本，波頓則一再向總統強調，與其簽署問題多端的協議，還不如不簽。

半路殺出程咬金：川普在美國的未爆彈

川普月底抵達河內時，肯定相當心神不寧。因為他曾長期合作過的前律師和喬事者麥可・柯恩（Michael Cohen），彼時因違反競選財務相關法條、逃稅，和對國會作偽證而被判處三年徒刑。在川普與金正恩在越南會晤的同一天，柯恩即將出席國會聽證會、控訴前老闆的各種卑劣行徑。

柯恩的開場白為後續的指控定了調：「我感到羞愧，是因為我知道川普先生是什麼樣的人，他是個種族主義者、騙子！」聽證會也因此成了全美國爭相矚目的話題。在與金正恩簡短的晚餐餐敘後，美國總統熬夜收看聽證會轉播。翌日清晨，波頓回憶道，川普「取消了所有事前準備的簡報」。

川普與金正恩的一對一談話，於隔日上午九點開始，如波頓在回憶錄中描述的，四十分鐘後，川普和金正恩分別與他們的外交政策負責人——美國國務卿蓬佩奧和北韓上將金英哲會合：

「金正恩不喜歡這裡炎熱的天氣，所以他們走進了庭院內彷彿溫室的建築，這座建築是個咖啡館，無疑附有冷氣……他的妹妹面無表情的站在燥熱的室外，美國人則毫不猶豫的走進室內，並待在附近能吹到冷氣的地方。」

正當金正恩處心積慮，想再下一城時，他肯定沒想到會殺出柯恩這個程咬金。

他的證詞確實讓川普分了心，恨不得早點離開河內。

最終，川普和金正恩都沒讓步。**雙方甚至沒發表乏善可陳的聯合聲明**，也因此自新加坡會面以來，**在形式上都沒有取得任何進展**。川普臉上寫滿了倦容和沮喪，他取消了預定的簽署儀式，甚至將午餐餐會一併叫停。

記者會結束後，川普直接搭上飛機返回美國。此舉動無疑是丟下金正恩，畢竟在金正恩的規畫中，他原本打算讓川普在越南停留更久的時間。川普或許並非故意，但他揚長而去的舉動，讓北韓最高領導人好似時間很多的閒人一般，這簡直是對北韓掌權者有史以來最大的公開侮辱。

繼川普後，普丁也向北韓甩態

漫長的返家旅程著實令人不快，也絕對稱不上是凱旋歸國。對於所有非白頭山家族的官員來說，這可能是如坐針氈的七十多個小時。一回到家，如同所有歷代偉大領袖遭遇挫折時的反應，**金正恩馬上拿部屬開刀洩恨**[1]。

一個月後，南韓報紙刊登了金英哲被送去勞動改造數月的消息。負責與美國談判的第一線人員金革哲，據說遭到處決，他曾經在一月十七日與金英哲一同前往白宮訪問川普。

處決名單上還有其他四名，專門負責對南韓反情報和大外宣事務的統一戰線部官員，不過這些消息都未被官方證實。此外，因未能及時向川普傳達金正恩的最後邀約，而讓川普不告而別、使最高領袖碰得一鼻子灰的北韓倒楣口譯員，據說也被送進了勞改營。

就連金與正也消失在大眾視野好幾個月，她也未陪同哥哥前往俄羅斯東部。二〇一九年四月下旬，金正恩與俄羅斯總統普丁召開第一次峰會，金正恩再次乘坐火車，前往符拉迪沃斯托克（Vladivostok，又稱海參威）的遠東聯邦大學（Dal'nevostochnyy Federal'nyy Universitet），與前往河內的四千五百公里車程相比，七百公里還在金正恩可以接受的範圍。

但跟越南行不同的是，金正恩在這趟旅行中的身體健康，似乎有亮紅燈的跡象。他不僅顯得更肥胖，在四月二十五日下午兩點多時，他光是下車走向等候已久的普丁就已氣喘吁吁。影片錄到金正恩黑色的毛裝下擺沒有拉好，而呈皺摺狀。北韓代表團中沒有一位官員敢接近最高領導，伸手整理他的衣服。就在他最需要妹妹時，她卻不在身旁。

更糟糕的是，普丁在招待貴賓享受晚宴時，也對他施以變相的川普戲碼。**普丁**

趁當天天還亮著送走金正恩後，便藉故不見面——他還有行程要趕，也就是隔天在北京的「一帶一路」國際合作高峰論壇。

次日早晨，金正恩預計出席太平洋艦隊總部的獻花儀式，不過身旁沒有普丁陪同。就像所有偉大領導人，遇到不快時的處理方式，金正恩最後遲到了兩個多小時，很可能是因為宿醉。

至於當天下午的水族館和晚上的芭蕾舞表演行程（在此同時，俄羅斯總統遠在上千公里外，與習近平和其他國家領袖交流），金正恩取消了這兩項活動，跳上火車返回北韓。對車上所有人來說，這是趟烏雲罩頂的返家旅程。

同年六月，金正恩和金與正在板門店，與川普舉行簡短的臨時會面，這是金正恩前一年稍早智勝文在寅的地點，而金與正扮演了以往跟隨哥哥左右的角色。金正恩親切引領川普跨過軍事分界線、進入北韓國土，這件事讓川普後來拿來說嘴，吹噓自己是第一位「訪問」北韓的美國總統。

1 作者按：由於韓戰最終以分裂而非統一作結，金正恩的祖父金日成將他的外交部長——德高望重、土生土長的共產黨員朴憲永，以間諜罪的罪名處死。

在此刻的前兩天，川普在訪問日本時在推特上發了則貼文，向金正恩喊話：「我（與文在寅總統）將離開日本前往南韓，如果北韓的金主席看到我的貼文，或許他會願意在板門店和我會晤，讓我握握他的手，打聲招呼？」

金正恩顯然認為，自己沒有吃虧的疑慮，決定「上鉤」並再次向世人展現愛好和平的政治家形象。在正式談判前，川普也將隨行的女兒伊凡卡（Ivanka）介紹給北韓代表團。這是北韓的第一妹妹，和美國第一女兒的首次見面。

這次會晤沒有什麼實質性的成果，北韓領導在完成給媒體的拍照行程後，便繼續恢復與世隔絕、不停試射飛彈的忙碌生活。**從當年五月四日到十一月二十八日，北韓分別在十三個不同的日子試射了短程飛彈，其中五天都在八月。**

對外受挫，白頭山家族收攏權力

就在國際社會將注意力放在飛彈試射的同時，十月時，金正恩在白頭山上將妹妹的地位推上更高的級別，這次的戶外活動充滿了象徵意義和家族意涵，也暗示了她將在政府裡擔任更高階的要角，但這件事在北韓以外，幾乎沒有受到任何關注。

幾年前的二〇一三年十一月下旬，金正恩訪問三池淵大紀念碑，一個位於白頭山腳下、鄰近中國邊界的國家聖地時，他在此發表了一段不朽的致詞：

> 「為了代代相承、完成主體思想（自治）和先軍政治的偉大革命任務，我們必須透過白頭山血脈，延續勞動黨和革命精神，不斷傳承和發展革命的傳統，以及堅守其純潔性。」

這段話以白話文來說，就是**國家和政黨「必須由白頭山家族來維繫」，絕非他人**。這段冗長晦澀的告誡文，是金正恩在修改了《確立黨的唯一思想體系十大原則》幾個月後提出的。**北韓最高的指導原則並非憲法，也非《朝鮮勞動黨憲章》，而是這份「十大原則」**。

金正日於一九七四年為父親制定的十大原則，遠遠駕凌於任何法律條文之上，只為最高領導人的命令服務，無論是書面還是口頭形式。對於殘忍迫害基督教的政權來說，同時毫不掩飾的抄襲基督教的十誡，或許是個莫大的諷刺，不過這些看似原創的原則，其實都圍繞著金日成的個人崇拜打轉。

二〇一三年，金正恩修改了十大原則。內容與原版相去不遠，修改版的重點簡而言之，就是：「我們必須全心全意為偉大的領袖及其後代奉獻。」透過把父親跟祖父的名字，放在一起作為永遠的共同領導人，金正恩強化了自身的統治正當性。

而在十大原則中，創始人和兒子的名字共同出現在了八條原則，並大量、輪番在內文出現。最重要的是，在修改過的版本中，金正恩置入了一段富有深意的話，暗示著「白頭山家族」仍背負著尚未終了的革命志業：

「偉大的金日成同志開創了主體思想和先軍政治革命，金日成同志和金正日同志延續使命，擔負起承先啟後的責任，並藉由一代傳一代，直到革命大業完成。」

而從二〇一九年開始，各種跡象開始顯示，**同樣擁有白頭山血統的金與正有機會問鼎大位、成為金正恩的代理人和繼承人**。在距離新冠肺炎疫情爆發前幾個月的時間，金氏兄妹聯手主演了一齣宏偉大戲，在一場戶外盛典上，一同騎著白馬登上神聖的白頭山峰。

登上聖山，成為潛在繼承人

二〇一九年十月十六日，朝鮮中央通訊社報導，金正恩前一天騎著白馬登上白頭山頂時，當天正好下起了「初雪」。「在朝鮮革命的歷史上，」朝鮮中央通訊社報導道：「這是意義非凡的事件。」這種結論經時間淬鍊後，確實顯得浮誇又自命不凡。

在這場耀眼奪目的場景中，北韓領導人打破了傳統慣例，穿著雙排扣長大衣，騎著白馬直奔山頂。此舉引來了國際關注，但以訕笑的目光居多。然而，當所有人都在蔑視、取笑這位圓胖騎士時，都忽略了一個事實——他非獨自一人。深旁騎著馬陪伴他的，是他親愛的妹妹：**這是她升格成為白頭山繼承人的象徵**。

在白頭山較為平坦的山坡上，金氏兄妹馳騁而過，正如她在外交峰會上展現的姿態，她緊隨哥哥身後，接著在幾名官員的陪同下登上更高的山坡。國家電視臺的報導，彰顯了金與正在王朝內的獨特地位，即使僅攝影畫面也能看出這個端倪。

七週後的十二月三日，金正恩騎馬帶著妻子李雪主，以及更龐大的隨扈團隊返回白頭山，又再次凸顯金與正的重要性。他們參觀山腳下的「革命戰場」、遺跡，和小木屋，認真吸收關於第一代領袖對抗日本帝國主義的誇大歷史。

然而，這次卻不見金與正的身影。哥哥在沒有妹妹的陪同下，短短兩個月內二訪白頭山，只更加鞏固、確認了她的地位及命運——**如果有一天，金正恩因為某種緣故無法親臨政事時，該怎麼辦？**

在第一次公開的騎馬朝聖活動前，即使有這對兄妹肩並肩騎馬，或者妹妹騎馬跟在哥哥身後的畫面出現，北韓官方媒體始終未曾公開兩人的血緣關係。在朝聖活動的二十五張官方照片中，金與正出現在其中六張。其中兩張照片，畫面中只有兄妹二人，而且在這兩張照片裡，她都騎著馬跟在哥哥正後方，右手輕鬆握著韁繩。

而在國家電視臺的錄影片段，有個畫面顯示金正恩走在單行隊伍的最前方，金與正則直視鏡頭，臉上掛著笑容跟著。在另一張照片中，金與正依然面帶笑容、騎著馬跟在哥哥身後，穿過古木參天的山坡路。她身上的橄欖綠軍裝外衣和貝雷帽，比哥哥的雙排扣毛皮領大衣更適合這個場合。

雖然身處東北亞高山地帶、四周攝影機快門又閃個不停，如同哥哥一樣，金與正的臉上也沒有一絲不自在。這些照片顯示，**金與正不僅是最高領導人在現實生活中最親近的人，王室兄妹相處間的自在和親密感也不言而喻。**

更有另一張照片，在意義上勝過其他一切，這張照片將金與正拉升到獨一無二的位置，即便沒有官方加持，也沒有任何疑議——這張照片從正面拍攝金氏兄妹，作為金日成的直系後裔，和白頭山血脈的繼承者，他們騎在高貴的白馬上，踏著「革命聖山」鬆軟的白雪緩慢前行。

如同北韓國家電視臺主播所述，「在神聖的白頭山上，」朝鮮知名新聞主播李春姬微微顫抖的聲音，帶著一股信仰說著：「白頭山威嚴的拔地而起，承載了我們祖國躍然向前的偉大精神，寫下了世人有目共睹的斐然成就，最後由舉世無雙、撼動天地的絕世英才，在壁立千仞中留下傳奇和特殊印記。」

但為什麼這張風景秀麗的照片，比其他張更為重要？因為照片清楚顯示了，承載朝鮮最高領袖兄妹的馬，**馬籠頭上都綴著一顆五角星銀飾**，**這是金氏王朝和北韓國旗的象徵**。而在團體中，並沒有第二人擁有這項特權，就連一個月後造訪白頭山的金正恩之妻李雪主也沒有。

該照片同時捕捉到金與正漫不經心、抿嘴微笑的招牌表情。在神聖的革命山上，金與正騎著馬亦步亦趨的跟在最高領導人身旁，馬籠頭上還佩著金氏王朝家徽，這些細節具有深遠的革命意義。

隨著新聞播放最後一張照片，其中金正恩讓馬首向上仰起、擺出帥氣的姿勢，讓李春姬的敘述更加激動。「這場朝聖之旅，」主播慷慨激昂的說道：「將永垂不朽，成為加速完成革命大業的歷史功業。」這張照片，也默默將金與正納入這段白頭山傳奇領導人的英雄敘事中：「偉大的金正恩同志，親自騎著白馬登上白頭山山巔，這項盛舉將永遠在歷史上，留下意義非凡的神聖印記，並以絢爛奪目的光彩照耀北韓，使北韓成為世界上最令人稱羨的社會主義國家，它將永垂不朽，成為加速完成革命大業的歷史功業。」

截至撰寫本書時，北韓政府尚未有任何單位以最高領導人的妹妹稱呼金與正。不過平壤的政治權貴當然知情，平民百姓也看得出弦外之音，換句話說，許多人可能早已意會到這些照片的象徵含意，更不用說她近三十篇鏗鏘有力的聲明了。

金正恩的統治和權力是神聖、不容侵犯的。在追求革命勝利的過程中，他與生俱來的權力，或許也能轉嫁到妹妹身上，因為她身上同樣流著神聖的白頭山血液，**而在必要時，她也能登基、成為女王。**

▲報導北韓新聞的機構 NK News 的推特貼文，請掃描 QR Code。該文包括金與正在白頭山與哥哥同框騎馬的照片，馬籠頭上的五角星銀飾，清楚透露了她的地位及重要性。

第 15 章

以糧為武

隨著北韓各地餓莩與日俱增，金正日竟在人民的大規模死亡中看到商機——一個讓自己發大財的機會。

十九世紀末，前往遠東旅行的西方人，都認為朝鮮國[1]是「與世隔絕」的神祕國度。除了與強大的鄰居中國維繫傳統外交關係外，朝鮮都試圖拉起吊橋、讓自己在孤立的狀態下發展，然而一切努力都徒勞無功。

十九世紀中葉，美國利用脅迫和外交等手段，強迫日本幕府開港通商，也因此造就朝鮮與日本截然不同的風情。過了約二十年，日本的洋化運動發展至顛峰，甚至連時尚和髮型都擁抱了西方文化。相較之下，**朝鮮固守陳規、不願放棄過時的風俗，使他們在與西方接軌上似乎毫無希望**。

後眼見歐洲列強入侵中國沿海城市，朝鮮和日本都從中學到了教訓。十九世紀中葉開始，在當時號稱日不落帝國的英國對清朝強加不平等條約後，西方各國便有樣學樣，競相在中國劃分勢力範圍。中國在過往大部分歷史上，都是世上最強大、最先進的國家，四周鄰近的蠻夷之邦，都必須向其進貢，承認以中國為中心的世界秩序，及其優越的文明和道德觀。

然而進入十九世紀後，中國開始面臨內憂外患。清朝的衰敗同時引起朝鮮和日本的不安，朝鮮選擇明哲保身、不捲入西方列強的外交之爭；日本則選擇適應西方外來文明，吸收西洋知識和習慣。在日本尋求維新改革的同時，朝鮮則認為自己是守護以中國為中心的世界秩序[2]的最後堡壘，因此試圖將世界列強阻擋於外。

彼時，美國人和其他前往東北亞的外國遊客，都相當欣賞日本，尤其是對其純潔和非對稱的美學情有獨鍾。歐洲也因此開始流行「日本主義」，該詞表達了歐洲人對日本藝術的渴望。然而，朝鮮完全是另一回事。

從「遺世獨立」到「傲然獨立」

朝鮮似乎與中國一樣日益走向衰敗。領導階層陷入派系鬥爭，各地也紛紛傳出農民起義。朝鮮不幸的掌權者，似乎在改革和維持原狀間掙扎。對外界來說，他們並不確定半孤立、只關心內政的朝鮮，究竟是獨立國家還是中國附庸國？然而，在國族心態和政策方面，朝鮮和日本之間有著明顯的對比。因此，「遺世獨立」這個貶抑的稱號，便成為了朝鮮的修飾詞。

1 編按：指一三九二年至一八九七年間的朝鮮王朝，其末代繼承者為改行君主立憲制的大韓帝國，兩者國家元首皆為李氏。

2 作者按：指根據儒家對不同國家階級，所訂定的區域秩序。

從那時起到今日的北韓，再也沒有撕掉這個標籤，長久以來世人對北韓的印象，始終停留在「遺世獨立」。類似於一九一〇年被日本強行併吞為殖民地的大韓帝國，金日成於一九四八年建立的金氏王朝，在一九七〇年代初期以前也表現出相當程度的孤僻，以及對周邊國家以外世界興趣缺缺的模樣。

這種對朝鮮既定的孤僻印象，不論是北韓或其前身，都建築在事實及大量幻想上。實際上，相較於北韓，「遺世獨立」用在李氏朝鮮王朝可能更為貼切，畢竟北韓仍與一百六十多個國家維持著邦交關係。然而，沒有任何工業化國家比北韓對傳統外交往來更加不屑一顧。

無論是與其他國家保持暢通的對話管道、遵守國際規範和協議，或是防止國家從事犯罪行為，例如利用外交官走私毒品等。北韓違反傳統、我行我素的種種行徑，或許真的能以「傲然獨立」來形容。在與北韓軍事實力、區域影響力、國家領土及人口規模相當的其他國家中，沒有一個國家比北韓更「孤僻」了。

如果白頭山家族認為有必要為家族蒙上一層神祕面紗，那是因為，北韓是既悲慘又神祕的國度，民眾對金氏家族酒池肉林的生活和政權腐敗程度一無所知，而**多數民眾的刻苦生活，以及政權的極度不透明，都是刻意為之的結果。**

對北韓人民來說，他們一輩子的宿命就是在幾乎完全仰賴國家的同時，內心卻渴望從悲苦的日常中短暫解脫。國家領導人決定著所有人的生死，政府也向來用這樣的作風對待人民：**以惡意和欺騙作為統治手段，伴隨偶爾的仁慈作為緩解**。

北韓政權刻意向外界隱瞞人民的苦難（有許多類似「我們最幸福」的口號）、系統性的篡改事實和歷史，以及向國內外民眾保證，吃飽喝足、去核化的幸福日子就近在咫尺。

對金正日來說，一九九〇年代中期至晚期發生的大規模饑荒，只不過造成了些微不便，這場災難估計奪去了北韓超過一〇%的人口，也就是三百萬以上的性命。饑荒背後的原因，也並非洪水或宣稱的美國制裁，**而是蘇聯和中國接連終結了對北韓的援助**——蘇聯於一九九一年底解體後自顧不暇，中國則在一九九二年八月與南韓建交。

與其花錢進口糧食，金正日寧願將錢花在發展大規模毀滅性武器、購買戰鬥機，以及為父親打造世上最奢華的陵寢。在北韓，官方稱這場饑荒為「苦難的行軍」，正如知名北韓人權專家桑德拉・法希（Sandra Fahy）教授觀察到的，這種說法，能喚起面對苦難時的愛國反抗情操。

對金氏家族及其黨羽來說，饑荒固然能成為狡詐的治國手段，更能在經濟上，為自己增添意外橫財。在平壤的特權階級沒有人挨餓，但隨著各地餓莩與日俱增，金正日竟在人民的大規模死亡中看到商機——**一個讓自己發大財的機會。**

千錯萬錯，都是他國的錯

金正日毫無羞恥的將這樁慘劇歸咎於他人，並將糧食當作對付外界的武器。他對自己的人民實行了被聯合國在二〇一四年稱為「故意造成長期飢餓的不人道行為」，並從國際社會上盡可能敲詐糧食援助。不過，他將這些糧食援助分配給了最不受影響的階層：他的政府和軍隊。一九九六年十二月正值饑荒高峰時，他在金日成大學的演講中說道：

「在社會主義社會中，糧食問題，應該由社會主義手段來解決。如果黨讓人民自己解決糧食問題，那麼只有農民和商人會獲利，導致人們自私自利、無產階級社會秩序崩盤。黨將失去民意基礎，並像波蘭和捷克斯洛伐克那樣，步上瓦解崩潰的後塵。」

金正日的犯罪計畫，在饑荒過後仍繼續推行。食物短缺和慢性饑荒，已成為金正日募集巨額資金的手段。在接下來的十年，價值數億美元的免費食物從南韓、美國和聯合國湧入北韓。**儘管有食物援助，聯合國機構卻發現每年約三分之一至一半的北韓人口——約八千萬至一．二億人——仍飽受營養不良之苦。**

到了二〇一〇年代末期，即一九九〇年代饑荒爆發的二十多年後，聯合國糧食機構竟發現，北韓的糧食短缺問題並未獲得改善，缺少的數量約為一百三十六萬噸，彷彿北韓官員在每年制定國家預算時，刻意將這固定的食物赤字留給他國填補一樣。

為防止激怒北韓領導人，導致北韓對援助機構祭出更多限制，捐贈國家未曾對這詭異又反覆出現的現象提出異議。聯合國機構和其他國家，並未強力要求金氏政權改變財政支出優先順序及進口更多糧食，反而姑息金正日設下的異常標準，並任由兒子上臺後繼續實行。

把饑荒當作矛與盾：勒索糧食，減少批評

根據聯合國統計，持續性的饑荒每年影響超過四〇％的北韓人口，相當於兩千五百萬人，**這使朝鮮民主主義人民共和國，成為全球營養不良人口比例最高的國**

家之一。聯合國二〇二二年最新的「世界糧食安全和營養狀況」報告中，雖然沒有排名或列出任何國家的糧食安全狀況，但結果顯示，北韓在全球營養不良的人口中占四一・六%，位居第四。中非共和國位居所有國家之冠（五二・二%），其次是馬達加斯加（四八・五%）和海地（四七・二%）。

二〇一九年的報告中（新冠肺炎爆發前的最後一份報告），也顯示北韓在全球排名第四，營養不良比例更高達四七・八%，僅次於中非共和國（五九・六%），辛巴威（五一・三%）和海地（四九・三%）。

而在編列的前十大名單中，**北韓是唯一沒有受叛亂和內戰所苦、高度工業化與都市化，且識字率近百分之百的國家**。在這前十名或甚至前五十名的國家中，沒有國家像北韓一樣，享有高度工業化、都市化、高識字率及和平時期的經濟優勢，也沒有國家坐擁核武和洲際彈道飛彈等高價值軍事裝備。

北韓或許餓殍載道，其政權卻富可敵國。如果要填補每年一百三十六萬噸的糧食缺口，根據購買的穀物類型，和玉米、稻米、小麥等的國際市場價格，需要支出兩億至四億美金。而金正恩政權每年花在導彈計畫的費用，就超過十三億美金。金正恩利用長期饑荒作為矛與盾，也就是，作為一種向國際社會索取免費物資、防止外界批評領導人的作法。

北韓政府及國外辯護者聲稱，美國和聯合國的制裁，以及惡劣的天氣和氣候變遷才是長期饑荒的元凶，就連二○○○年代初期親北韓的南韓也認同這種說法。

但這樣的指控無視了諸多事實：聯合國直到二○○六年，也就是饑荒爆發十多年後，才對北韓實施制裁；二○一六年美國制定《北韓制裁及政策強化法案》（*North Korea Sanctions and Policy Enhancement Act*）後，才正式加深對北韓制裁的力道，饑荒也已是二十多年前的往事。也許是某種自然奇觀或氣候變遷導致的歉收，才會每年都只襲擊軍事分界線以北的北韓，同時其他國家都安然無恙。

這場造成至少六十萬人死亡，甚至逾三百萬人命喪黃泉的饑荒，是人為刻意製造並持續使然的結果。如同二○一四年聯合國報告中不斷控訴的那樣，是金正日「蓄意餓死百姓」政策的後果。報告認為，北韓政府以最高程度犯下了「反人類罪行……特別是針對一九九○年代為饑荒受苦的百姓。這些罪行源於違反食物權的決定和政策，是北韓政府為了維持現政體制而採取的作為，並事先知情，這樣的決定將加劇饑荒和人口死亡」。

在一九九六年至二○○○年的饑荒年代，金正恩和他的兄妹都在瑞士讀書。他們使用假護照、攜帶大量現金出國旅行。他們經常回家，回到父親在國內眾多僻靜、豪奢的別墅度假。除了極端奢華的享受和特權生活外，他們對任何事物都很陌生，而這樣養尊處優的生活，也已幾乎達到令人尷尬的個人崇拜境界。

在北韓百姓過著水深火熱、每天忍受極度貧困和國家恐怖主義折磨的同時，金氏家族卻無須擔心飢餓、窮困、叛亂，甚至是來自民眾的批評。畢竟，他們的國家，可是史上最成功也最完美的極權國家。

此外，金氏家族從未對美國即將發動的攻擊感到憂慮——也就是他們對內和對外實施壓迫，和添購核武軍備的藉口。**自一九五三年停戰以來，南韓從未對北方敵國主動開火，反而是北韓對南方發動了兩千多次攻擊、空襲和滲透行動**，許多事件已造成數十名美國人和數百名南韓人喪命。

接著北韓出現了迄今為止未曾見過、證據確鑿卻致命的威脅：新冠肺炎。

病毒不長眼，北韓只得鎖國應對

這是金正恩目前為止面臨的最大威脅，或可以說，**是自金日成發動韓戰以來，對北韓領導人最致命的威脅**。二〇二二年五月，金正恩首次承認國家爆發了新冠疫情，他稱之為歷史性的「巨大動盪」。就算王公貴族能對饑荒不動如山，神格化的獨裁者也必須對傳播迅速的致命病毒敬畏三分。

面對這場肆虐全球的傳染病，金正恩確實應感到擔憂。二〇二〇年三月的第一週，南韓單日確診病例數，僅次於全球之冠的中國。在這兩個確診數節節攀升的鄰國間，這位重度肥胖的統治者變得孤僻，同時（正如將在下一章中探討的）迅速拔擢妹妹在政府中的地位。

北韓的公共醫療系統破舊不堪，如同金氏家族對資訊匱乏的百姓自稱的神格化外號，這個「神人」家族也開始出現種種擔憂。早在二〇二〇年一月二十二日，金正恩便重啟古老的家族傳統：鎖國政策。金正恩將疫情控制視為「國家存亡」的問題，因此封鎖了與中國的邊界，盡力確保自己和百姓的生存，加倍實施防疫措施，嚴禁未經授權的人士進入首都。

即使人民飢寒交迫或飽受折磨，金正恩為了守護自己的健康也得封閉邊界，國家也進入外交休兵狀態。幾週後，金正恩下令邊防人員射殺任何非法越境者。即使命令最終被逐步放寬，但起初被認定為越境者的類型，甚至包括哺乳動物和鳥類。

金正恩對染疫的恐懼，遠超過對人民的關心。北韓與南韓的分界線相對安全，畢竟，這是世界上戒備最森嚴的陸地邊界，但與中國的邊界則不然。金正恩不惜犧牲人民福祉，於二〇二〇年五月起暫停進口中國商品。畢竟，金氏政權可承受不起新冠病毒隨進口商品一路傳播至平壤的風險。

儘管，或應該說「幸虧」人民受苦，才讓金正恩政權有機會從遺世獨立的鎖國狀態脫胎換骨。北韓拒世界於門外、拒絕所有進口和援助供給，遲早將引起外界人道主義相關的疑慮，而正如我們所見，最終外界的援助，都將成為北韓國庫進帳不斷的資源。

因此，為了保持苦難和神祕，金正恩和妹妹向父親曾經施行的政策取經——**封鎖邊界，放任百姓自生自滅**。金正恩拒絕外界援助，不管是食物、醫療援助，甚至免費的新冠肺炎疫苗都是。直至二〇二二年九月，疫情爆發近三年後，他才暗示開放外國疫苗給人民施打。

根據北韓的各項報告，在新冠肺炎流行期間，鄰近南韓和中國的城市再次出現了類似饑荒的跡象，且一路持續至二〇二三年。雖然中國和南韓食物充足，卻礙於北韓封鎖邊境而無法取得。

二〇二一年四月十六日，金正恩引用了父親的用詞「苦難的行軍」，並警告道：「前方有許多障礙和困難等著我們。」同年稍晚，他告訴他的人民在未來四年內（直到二〇二五年）都要勒緊褲帶、少吃一點。

不僅權力，連苦難也是世襲制

二〇二三年初，有報告指出每天在開城的街上都能看到餓莩。這個鄰近南北邊界、繁榮富裕的城市，每天都有數十個人因飢餓曝屍街頭。同年一月下旬，在一個寒冷而晴朗的日子，我和幾位同事站在共同警戒區，凝視開城及其周圍荒涼頹圮的景象。

英國前祕密情報局長約翰．思嘉爵士，問我心裡在想些什麼，我回應道：「北韓人僅僅因為出生在邊界北方，一生就必須承受飢餓、苦難和迫害，而像我這樣出生在邊界以南的幸運兒，則生活在自由和富裕中。**在北韓，不僅權力和特權是世襲制，就連飢餓、歧視和奴役也是代代相傳。**」

跟金日成的想法如出一轍，金正恩認為國內最底層的敵對階級，是可以被犧牲的對象。嚴格執行邊境管制，也導致脫北者數量大幅下滑：從原本二〇一九年的一千零四十七人，銳減至二〇二〇年的兩百二十九人。這數字創下二十多年來的新低，隔年更持續下滑至六十三人。二〇二二年的人數幾乎持平，截至九月只有四十二人，年底時總計六十九人。金正日也曾在饑荒時期實施邊境管制，但實施的力道和效用，遠遠不如金正恩。

儘管面臨嚴峻的情勢，或者確切來說，是試圖將情勢的嚴重性最大化，《勞動新聞》仍在二月二十二日的評論中，呼籲政府不要接受來自「帝國主義者」的援助，該評論聲稱，這些援助是「掠奪和征服」的陷阱。

黨媒報紙也形容這種經濟援助為「裹著糖衣的毒藥」並呼籲民眾自力更生，重新鼓吹全民追溯至一九五〇年代空洞而虛幻的國家意識形態。這則訊息再次提醒北韓民眾，要做好勒緊褲帶的準備，並向捐贈國和機構重申了捐贈規則：**一旦我們授予你援助的特權，你們最好乖乖照我們的指示去辦**。

這些年來，無論是打擊越境者，還是加速發展核武導彈，金氏兄妹可說是青出於藍，更勝於藍，在各種表現上都超越了他們的父親。

第 16 章

北韓抓特務，南韓主動要幫忙

北韓的第一妹妹，實現了她所有先人都未曾實現的目標：將北韓的國家審查制度，在整座朝鮮半島實行。

二〇二〇年三月，友好的握手與高峰會已成為過往，此刻的金氏兄妹，必須為一統朝鮮的計畫想出新的劇本。從二〇一八年二月金與正出訪南韓，到二〇一九年六月，金氏家族在板門店短暫會見川普，短短十六個月內的會面、餐敘、把酒言歡，如今只剩南韓覺得仍有其意義，並期盼南北關係能回到美好的從前。

事實上，北韓的金氏家族對南方政權的赤誠相待總是敷衍以對，不僅向南韓索求好處、加以利用，一旦對方對自己失去價值，北韓也毫不考慮將其一腳踢開。二〇二〇年初，北韓的宣傳煽動部幕後老大，正耐心等待著攻擊文在寅總統的機會，他已成了金與正攻擊最頻繁的目標。

真槍實彈或脣槍舌戰，二選一

該年三月三日，她首次以自己名義發表一則聲明，其內容看似在向南韓和美國喊話，實際上卻處處針對文在寅。雖然這則聲明的語氣，不如後續數篇的尖酸刻薄，卻仍為金與正招牌的冷譏熱諷與張狂暴戾的風格定下基調。

此篇聲明的前一天，青瓦臺對北韓軍隊的實彈演習表示「強烈遺憾」，這正好給了金與正飆罵還擊的藉口。她譏笑南韓總統的聲明「愚蠢至極」，簡直是「三歲小孩做的事」。金與正聲明的最後一句話，也由朝鮮中央通訊社翻譯成英文：「這或許是個拙劣的比喻，但某人（指文在寅）正如一條因受驚而狂吠的狗。」

這句翻譯不僅詞不達意，文法上有錯誤，也沒點出該句諷刺的精髓。實際上，金與正想表達的是：「**不好意思這麼類比，但俗話說，會叫的狗不咬人。這正與我認識的某位人士一樣……。**」該話的韓文原文雖以刪節號作結，不過明眼人都能看得出來，這段話指涉的主角是誰。

有鑑於金與正在文在寅表示「強烈遺憾」後，僅僅二十四小時就作出回應，這很可能是事先準備好的說辭，以便在受到類似批評時立即反擊。這麼做的目的，旨在軟土深掘、一點點摧毀文在寅的內心：從過往的會面經驗中，金與正知道文在寅殷勤懇切的態度，已與唯唯諾諾相差不遠，她便打算利用這個弱點。

三個月後，在同年六月的三則聲明中，金與正在其中一則宣布（她的機構再度將其翻譯為生硬的英文）：「透過最高領導人、勞動黨，和國家賦予我的權力，我已向負責敵方事務的部門下達命令，要求執行下一步行動。」

接下來的陳述，則釐清了她所謂「下一步行動」的細節，以及聲明中被稱為的敵人為何——南韓。**她將下令炸毀位於邊界以北的南北共同聯絡事務所**，該建築完全由南韓出資建造和維護，投入金額超過一千五百萬美元。

她用雜亂無章的語言威脅道：「該毫無用處的南北共同聯絡事務所，將在不久後灰飛煙滅，淪為悲劇性的廢墟。」三天後，也就是六月十六日，她兌現了承諾：在懾人心魄的影片中，北韓炸毀這棟四層樓高的事務所，建築轟然倒下的同時，還波及附近一座更高、同樣由南韓建造的大樓。金與正在這次事件中下足了馬威，證明自己是令人畏懼、言出必行的女子。

雖然彼時她年僅三十三歲，但為了拓展家族利益，金與正從不猶豫使用自己熟悉的各種邪惡伎倆，包含操弄心理、誘騙策略、維持表面和平、以人質作為籌碼、酷刑虐待，以及人身攻擊。

在炸毀事務所隔日，她對南韓總統展開史詩級謾罵：「膽大包天、厚顏無恥、偽君子、不知悔改、醜陋、馬屁精、膚淺、愚蠢、不可原諒、只會詭辯、裝聾作啞、厚臉皮、阿諛諂媚、卑躬屈膝、唯唯諾諾、麻木不仁、可悲、美國走狗、拖泥帶水、下水道般汙穢、骯髒、白痴、精神錯亂、幼稚、矯揉造作、令人作嘔的叛徒。」

諷刺的是，在這近兩千字的長篇咆哮結尾，她模糊的將這樣的策略，定義為「**真槍實彈或脣槍舌戰二選一**」，這麼做是為了讓南韓政府不把自己放在心上，更不將自己視為足智多謀、信心滿溢的北韓二把手，而只是個口無遮攔的滑稽人物。

除此之外，她的年齡也讓人更容易寬恕或忘記她的所作所為——一切對金與正再有利不過。畢竟，若低估北韓領導人親口發出的威脅，很可能會釀成致命錯誤，但**當這些辱罵言論出自於她時，這些話在人們心中的分量，自然就會與哥哥金正恩不同**。

南韓若不從，下一步就是開戰

而另一次令人印象深刻——相當惡劣的那種——的事件中，平壤和首爾間的權力關係更是表露無遺。金與正同年六月四日提出的書面聲明中，她要求南韓制定法律，將越過邊界散布傳單的行為定為刑事犯罪——這主要針對那些在南韓落地生根、成為社運人士的脫北者，他們經常向北韓發送裝有反金氏政權文宣的氣球。正如她所說，這些社運人士是「沒有生存價值的人渣」。這種威脅有如恐怖分子的勒索，要南韓「好自為之，以免事態走向最糟的結果」。

該聲明是金與正早期在《勞動新聞》上發表的文章之一，這份黨報的讀者，主要為北韓國內民眾。從發表的平臺可以看出，**金正恩打算讓人民意識到自己妹妹與日俱增的影響力**。《勞動新聞》後也在六月十三日，刊登了她「透過最高領導人、勞動黨，和國家賦予的權力」一文，以及接下來一個月中她威脅南韓的聲明。

氣球對北韓政權來說其實無關痛癢，它們通常載有反北韓政權的傳單、《聖經》、牙刷、牙膏、肥皂、襪子、現金、米、口罩和其他北韓人民缺少的民生物品。因此，對施放氣球大做文章，也是讓世界看出平壤至高無上、神格化的領導者有多麼偏執的完美參照。

但更重要的是，這也讓金與正得以提醒南韓，在二〇一八年文在寅與哥哥簽署的兩份聯合聲明：四月的《板門店宣言》和九月的《平壤共同宣言》中，「雙方同意禁止在軍事分界線附近地區發起挑釁行為，包含發送傳單」——**因此，這種事件是南韓有錯在先**。

在金與正呼籲南韓，將言論自由允許之事定為刑事犯罪三天後，她動員全國群眾、點燃民眾忿忿不平的情緒。大規模集會遊行在北韓遍地開花，示威群眾譴責南韓和脫北者。成千上萬的學生穿著整齊的白襯衫成群結隊，揮舞著標語，要求「砲火伺候」和「下達（攻擊）命令」。

年輕的男女揮舞拳頭、舉著標語，要求「將所謂的『脫北者』，那些背叛國家的叛徒和人渣碎屍萬段」。中年婦女也舉起雙拳，疾呼「燒死那些急於自取滅亡的叛徒」，以及「發誓痛扁那罪不可赦的傀儡組織」。顯然，這些群眾心中所想的「傀儡組織」便是南韓。「膽敢無差別的亂吠，就等著被毆打致死！」的白色字體印在鮮紅橫幅上，與初夏的藍天形成強烈對比。

在金與正激起全國抗議情緒幾天後，這個有著全球最強大動員力的國家，瀰漫著劍拔弩張的氛圍，**彷彿已拉滿弓，只待金與正一聲令下，南北韓便會開戰**。畢竟，她在六月十三日曾威脅道：「如果要我對南朝鮮當局擔憂的下一步行動透露任何細節，只能說，對敵人採取任何後續行動的權力，**已被完全授權給朝鮮人民軍總參謀長**。」

在最高領導人的命令就是神諭，一個「即使傾注波濤洶湧的海水，也洗不淨塗在國王頭上的油膏[1]」的國度，身為哥哥代理人的金與正，她的命令也等同神，也就是最高領導人的命令，不容侵犯或挑戰。從沒有第二人能在短短幾天內，鼓動人心、動員整個北韓。

在妹妹準備好戰線後，金正恩便接手大局。六月二十四日，朝鮮中央通訊社宣布最高領導人暫時「中止」了他和妹妹計畫中的軍事行動。扮黑臉的哥哥制止了

---

1 編按：作者在此引用莎士比亞戲劇《理查二世》（*Richard II*）的臺詞，該臺詞的下一句為「世人的呼吸無法罷黜由主揀選出的代表」。引申比喻在北韓的政權，如君權神授般不可動搖。

「超級黑臉」的妹妹：金氏兄妹向來用這個方法，將南韓玩弄於股掌之間，暫時維持和平。雖然沒有正式宣布，金正恩幾乎已將妹妹的地位升為「最高領導人副手」。從此，**她的命令就等同他的命令，世上唯一有否決權的，只有金正恩。**

金與正在六月四日上午六點十四分向南韓發布聲明。當天上午十點半，青瓦臺舉行臨時會報：「我們堅決雙方應嚴格遵守四月二十七日的《板門店宣言》，和九月十九日的《九月平壤共同宣言》。」

大韓民國統一部則更進一步，其發言人在上午十點四十分宣布：「為了減緩邊境緊張局勢，我們正在討論不同措施，包含修法計畫。」南韓負責處理北韓關係的部門，**居然以迅速到令人擔憂的速度，在短短幾小時內回應金與正**，並對她的指示唯命是從，**還透露將立即修改法律、管束自己國民等訊息。**

為南韓定下「禁言令」

當天下午兩點，南韓國防部宣布：「民間團體散布傳單的行為，已危害邊境地區居民生命和財產安全，必須即刻停止。」三十分鐘後，青瓦臺警告全國南韓同胞「向北韓發送傳單，是有害無利的行為」，並且「政府將對破壞安全的行為作出堅定回應」。

翌日，南韓政府開始尋求支持和起草新法。二〇二〇年十二月中旬，該法案已獲得了親文在寅政黨及其盟友的支持，他們在國會中以五分之三的席位形成絕對多數。該法案最終以一百八十七票贊成，無反對票通過，反對黨議員則因抗議而放棄投票。

支持文在寅的議員，在國會殿堂上相互擊拳道賀。同一天，即十二月十四日的幾小時後，美國眾議院議員麥克．麥考爾（Michael McCaul）發表聲明：「南韓國會的《禁止散布反朝傳單法》令人擔憂……唯有讓北韓變得更像南韓，才能確保朝鮮半島的光明未來，而非背道而馳的作為。」

不論是反對者還是支持者，所有人都將南韓的新法冠上「反傳單法」的標籤——但這是不當的名稱。金與正的確呼籲禁止散布傳單，**但為了取悅她，南韓修法影響的範圍遠遠超乎北韓期待**。

這條法律表面上，針對的那些散布傳單氣球到北韓的社運分子，最高將被處以三年有期徒刑，和三千萬韓圓的罰款[2]。然而，法律涵蓋的範圍大得多了，其背後隱含的目的也更加陰險。

事實上，這則新法律禁止發送任何具最低交換價值[3]的物品，包括社運分子常用氣球送至北方的日用品，舉凡《聖經》、牙膏到美元鈔票都是。除了那些不容易貨幣化的物品，如沙灘上的石礫或菸蒂，法律禁止一切物品寄送。正如英國上議院議員大衛・阿爾頓男爵（Lord David Alton）所言，**該法應該被稱為「大韓民國的禁言令」**。

南韓的新法引起了全球反彈和關注。聯合國以及十六個國家的人權組織、政治人物和評論家，都發表聲明及關切，懇請文在寅及其政黨不要頒布這項法律。在該法通過後，他們更極力呼籲南韓將其撤銷。美國眾議院議員克里斯・史密斯（Chris Smith）也以「愚蠢至極」形容這條法案，控訴南韓執政黨正「踐踏自由」。

二〇二一年四月，史密斯議員召開一場極具爭議的國會聽證會，主題正是南韓新的「禁言令」。這實屬難得，因為美國國會鮮少公開對南韓侵犯人權事宜表達關切。然而，文在寅及其政黨，似乎仍然將與北方鄰居建立友好關係視為優先事項，堅持服從金與正的命令。

自二〇一七年上臺以來，文在寅政府大幅刪減研究北韓人權的非政府組織資金。二〇二〇年，政府大動作稽核這些組織，並撤銷了兩個知名脫北者組織的許可——分別是由朴相學和朴正昊兄弟營運的「自由北韓運動聯合」（Fighters for a Free North Korea，簡稱FFNK）和「大泉」（KuenSaem）。

由於朴相學直言不諱，又是舉足輕重的社運人士，因此向來是文在寅政府及其媒體支持者最關切的目標，他曾躲過至少一次的北韓暗殺行動，當時他差點因一根毒針而命喪黃泉，後自二〇一一年九月以來都受南韓警方保護。

北韓特務抓「人渣」，南韓總統也幫忙？

當時，南韓情報員在地鐵站攔住了朴相學，他原本要在那裡與即將暗殺他的刺客碰面，這名刺客曾是北韓特種部隊成員，後於一九九五年投誠南韓。被逮捕的安學榮（An Hak-Young，音譯）表示，自己被北韓特務招募，他們答應提供「他在北韓的家人金錢和更好的生活」。朝鮮民主主義人民共和國，本次買凶殺人的費用是一萬美元。

隔年七月三十一日，一個重要的北韓政府機關威脅將殺害朴相學，直接點名他

2 編按：依二〇二四年四月匯率，約等於新臺幣七十一．二萬元，一韓圓約等於新臺幣〇．〇二四元。
3 編按：指能被作為商品，並在經濟關係中出售及購買的價值。

和其他三位批評金氏政權的人士，北韓威脅對他們祭出「殘忍無道的懲罰」。在同一聲明中，北韓呼籲南韓和美國「對於自己充滿政治目的、支持恐怖主義行為的行徑，向北韓最高領導人公開致歉，並嚴懲那些主要發起者」。

當時南韓和美國政府作了明智的決定，選擇不屈服於北韓的要求。然而，**在禁言令的時空背景下，情況已截然不同。朴相學很快便成了當下生活的政府，以及他先前叛逃政府的雙重目標**。

二〇二一年四月下旬，朴相學宣布他方才向北韓投射了裝有五十萬張傳單、五千張美元鈔票，和五百本關於南韓經濟發展小冊子的氣球。這是首次無視禁言令的違法行為。

不出所料，金與正再次採取攻勢，在五月二日時宣布：「我們將南方人渣所犯下的行為，視為對國家的嚴重挑釁，並考慮採取相應行動。無論我們做出什麼決定，或採取什麼行動，其後果將由南韓當局承擔，因為他們未能有效管控這些齷齪的人渣。」《勞動新聞》也一五一十的刊登了該聲明，再次向北韓人民明示，她是國家對南韓政策的負責人。

金與正的威脅，引發「南韓當局」一系列行動。同一天，南韓國家警察廳長公開呼籲，對朴相學近日的散布氣球行為展開「迅速且嚴格的調查」。四天後，警方持搜索令搜查了朴相學的辦公處。

五月十日上午十一點，文在寅總統在就職四週年演講中宣布：「在違反兩韓協議和現行法律的同時，我們不應在南北韓關係上澆冷水。政府只能嚴格執法。」兩小時後，朴相學被國家警察傳喚，接受長達六小時的審問。二〇二二年一月二十八日，他因為向北方同胞發送傳單、美鈔和文宣遭到起訴——**但那些同胞，正是世上最受迫害的人。**

將北韓的審查，擴散至整座半島

我們將時序推回二〇一二年，北韓彼時曾威脅轟炸位於首爾，侮辱金正恩政權的報社和電視臺辦公處。而在十年後，或許仍懾於平壤恐怖分子般的威脅，文在寅政府拒絕排除關閉向北方廣播的私人電臺的可能性。南韓的卑躬屈膝，讓金與正更加大膽妄為，進一步對出版或廣播業中，任何批評她專制家族內容的南韓公民祭出攻擊威脅。

二〇二〇年，象徵著朝鮮半島迎來美麗新世界的黎明，北韓的第一妹妹，實現了她所有先人都未曾實現的目標：**將北韓的國家審查制度，在整座朝鮮半島實行。**

禁言令可謂北韓的重大勝利，也是金與正個人的勝利，她的地位也隨著水漲船高。

如果下達言論自由禁令的，是邊界以北的金正恩，南韓可能不會以如此迅雷不及掩耳的速度回應，畢竟，南韓對於至今為止都是男性的北韓領導人的威脅和不合理要求，早已見怪不怪。

然而，這位驕縱蠻橫的公主只消彈一下手指，南方的統治者便會以奉迎諂媚的態度回應，更不用說毫不猶豫的在自己先進的民主國家，通過迫害人權的法律。北韓取得一場勝利，雖然不是完勝，卻是一場克服自身困境、別具意義的勝利，北韓人對第一妹妹的敬愛，也因此更加深厚。

第 17 章

史上首握核彈按鈕女子的掌權之路

如果南朝鮮敢侵犯我們一寸領土，我們將被迫動用核子武器，帶來天崩地裂、慘絕人寰的悲慘結果。

在北韓將言論審查的觸角，伸進南韓之際，金與正也將砲口對準了美國。二〇二〇年七月十日的報紙，刊登了她迄今為止最長的書面聲明（官方英文翻譯為兩千八百四十三字），她在內文中宣稱「去核化」並非不可能，但雙邊會談取決於美國是否先「放下敵意」——也就是**暗示美國，必須先從南韓和周邊地區撤回軍隊和武器**。

儘管這番話保留了談判的可能性，她卻表示，在當年剩下的時間內將不再有任何進一步的「高峰會談」。專家為此提出各種解釋：同年的美國大選意味著，這種高調的外交活動將只讓美國受益，對她的國家毫無利益可言；北韓只會再次浪費時間談判，因為美國根本「沒有膽量接受新的挑戰」（例如讓美軍撤出南韓、讓北韓持續擁核）。

此外，該文中還提到金正恩當年決定不再與川普會面的另一個原因：「因為時任國家安全顧問約翰·波頓，曾告誡川普別那麼做，而他是個敗類。」

任期告終的川普，對平壤已無吸引力

金與正藉由該聲明，為未來的雙邊談判和高峰會訂下了高標準，並在全文結尾再補一槍。她提到「幾天前在電視上看到」美國七月四日國慶日的慶祝活動，並想詢問川普，未來能否寄一張美國國慶日的 DVD 給她。

她表示，自己是在徵得「主席同志的同意」後，希望「親自取得」這樣的影片。儘管外界樂觀的將其解讀為北韓遞出橄欖枝（彷彿在這個充斥直播和賣座電影的年代，這對王室兄妹最大的興趣，就是蜷縮在螢幕前、觀看美國民眾揮動手上的星條旗），這無疑是金與正犀利、刻薄的招牌溝通方式展現。

在她發表聲明六天前，《勞動新聞》正式將二〇一七年七月四日定為「七月四日革命日」，以紀念北韓發射史上第一枚洲際導彈。在此三年前，金正恩稱這個試驗為「**送給邪惡美帝的大禮**」來慶祝北韓軍武邁向新的里程碑。

由此可見，北韓詆毀美國的國慶日已是慣例，而金與正在文中提及美國國慶影片，正是為了揭開川普在新加坡對自己哥哥無禮的舊傷——當時，川普以高高在上的態度，向金正恩表示該如何透過放棄核武重建北韓。

在金與正發表聲明六天前，精通英語、深諳美國事務的資深官員暨時任北韓外務省副相崔善姬（她曾對美國副總統大肆嗆聲，讓川普差點氣到中止新加坡峰會），明確表示她的國家「已制定詳細的時間表，以箝制美國長期威脅」，並且看不出有必要再次落入「敵方對朝鮮不友善政策的新花招」。

對金氏兄妹而言，這意味著撇開十一月的美國總統大選不談，他們與川普的交涉已正式告一段落。

金與正字裡行間的機智諷刺，成了北韓宣傳文宣中的新現象。在她任內，這些文案毫不避諱種族歧視、性別歧視，和對同性戀的辱罵，這些由高層領導人親自操刀，以及伴隨譏諷的穢語汙言，正是金與正獨特的亮點，這些文字也為世人剖析她的個性和野心提供了珍貴的線索：她善於凌辱、蠱惑人心以及渴望被人認真對待。

二〇二一年，朝鮮勞動黨第八次代表大會為新的一年拉開序幕，這也是金正恩第二次親自主持會議。在為期多天的會議中，金正恩為自己冠上總書記的頭銜，這是他在二〇一二年四月掌權時，曾為父親金日成保留的頭銜。

他還從中為自己牟得了些許利益。與他的父親和祖父不同的是，金正恩喜歡以愛家好男人的形象出席公開場合，因此經常與妻子一同露面。這位新任總書記，增設了「第一黨書記」一職，將由他最信任的資深副手擔任。**如果哪天他喪失行為能力、無法視事或不幸英年早逝，此人將接任他的角色、鞏固政權**。他這麼做，相當於為自己和家人買了一份保險。

而金與正自二〇一九年底登上白頭山，到二〇二〇年負責發布各項命令和行動（同時還負責領導組織指導部，掌管人事聘用、解僱和消滅國家官員的權力，包括軍事指揮官在內），各種跡象都顯示，**能榮登備位領導人大位的人非第一妹妹金與正莫屬，這位無名代理人，可能要繼承政黨、國家，甚至有朝一日整座朝鮮半島。**

重申哥哥立場：戰勝並征服美國

歷經二〇二〇年平靜的下半年後，二〇二一年，北韓對南韓的辱罵和人身攻擊捲土重來、更勝以往。金與正在當年一月，稱文在寅及其官員為「難以理解」的「異類團體」，是令世界「笑掉大牙」的「超級白痴」。

由於北韓在第八次代表大會後，有意舉行一場盛大的閱兵，南韓聯合參謀長就此發表評論，但這也給了金與正開金口的藉口，正如她形容的，南韓「伸長脖子」、「密切關注北方的一舉一動」。不過，她真正想打擊的目標是文在寅，他在當年一月十一日的新年談話中表示，他將「盡最後一次努力，推動美國與北韓的談判，以及尋求南北韓對話的突破」。

不過，文在寅還未就此打退堂鼓。一月十八日，在一場鮮見的記者會上（對於文在寅團隊來說，是一年一度的盛事），他對金正恩答應訪問首爾，卻遲遲未兌現承諾感到遺憾，並表示尚未收到任何訪問南韓或任何近期峰會的提議。文在寅希望有機會能在二〇二三年五月卸任前，接待金正恩來訪。

「金主席，」他如此堅稱，彷彿金與正的謾罵從未發生：「擁有尋求和平、對話和去核化的堅定決心。」

但在這之前，金正恩已於一月八日的大會上發表長達八小時的生日演講，內容呼籲藉由「提升核武的精準度，至足以精確擊中和消滅一萬五千公里內的任何戰略目標，以便達到先發制人，和報復性攻擊的能力」，以及採「攻勢外交，粉碎敵對勢力侵犯主權的企圖」，還有再次「戰勝並征服美國，也就是妨礙北韓革命的最大阻礙和主要敵人」。

對金氏兄妹來說，文在寅如此無視最高領袖的強烈立場，想必令人不快。後於一月下旬，文在寅的副手、時任國務總理丁世均也對再度召開南北韓峰會表達強烈意願，並希望靠美國新上任的喬．拜登（Joe Biden）政府來恢復與北韓的對話——拜登在去年十一月的美國大選擊敗川普，當選為新任美國總統。

到了三月中旬時，金與正忍無可忍。表示南韓領導人是「天生的智障」，變得「充耳不聞，缺乏判斷力」。她警告文在寅和他的人馬，不論他們「聽從主人（美國）的指示做了多少事」，**他們心心念念、三年前美好的往日時光將不復見**。

同月稍晚，她以「朝鮮勞動黨中央委員會宣傳煽動部副部長」的正式職稱發表聲明，指責南韓總統對北韓近期戰略導彈試驗「表示關切」的評論，為「恬不知恥」的行為。她稱呼他為「美國養的鸚鵡」，建議文在寅應該「思考一下國際社會對他的看法」。

在二〇二一年四月十五日，也就是北韓最重要的國定假日、金日成誕辰慶典上，金與正換上與先前截然不同的表情，顯得莊嚴而堅定。在她父親和祖父永遠長眠的太陽宮中，她也即將在眾人面前上演一齣罕見的表演。

不再是靦腆少女，而是正統繼承人

按照過去慣例，金正恩總是帶領眾多官員前來向祖父與父親致敬，但北韓最高領袖在這年，只帶了數名基本隨扈亮相——或許是考慮到，連續兩年缺席將顯得過於失禮。二〇二〇年四月時，或許是擔心感染新冠肺炎，金正恩並未出席這場重要的紀念大典。

在二〇二一年的典禮上，除了舉著巨大花束的士兵和佇立牆邊的三軍軍官，北韓最高領導階層的六位核心成員一字排開、面對金日成和金正日的巨大雕像。金正恩的左邊站著朝鮮人民軍元帥朴正天，右邊則依序是他的妻子李雪主、政治局常務委員趙甬元、金與正，和玄松月——玄松月曾為二〇一八年冬季奧運會出訪南韓的北韓代表團一員，同時也是金正恩的前女友。

六人依循亞洲傳統的鞠躬禮致敬，金正恩、李雪主和趙甬元，分別將身子彎至四十五度。相較之下，金與正非常恭敬，向前行了九十度鞠躬，雙手手臂向後貼緊、雙拳緊握，她的頭也彎得更低，秀髮一路垂向地面。三個月後，在紀念金日成逝世二十七週年的典禮上，金與正也重複了這近乎做作的行禮。

金與正這麼做，既非缺乏自信，更非社交技巧拙劣，**而是展現她堅決履行身為金氏王朝一員的職責與義務**，包括其他涉及大量系統性、嚴重侵犯人權的行為。身為金正恩的幕僚長、國家安全顧問、宣傳煽動部長，以及在可預見的未來內的備位領導人，她必須兼具深謀遠慮與冷酷無情的特質，偶爾也得展露大膽魯莽的一面，但要建立在謹慎的前提上。

她緊握的拳頭，彰顯出對任務的自信承諾：她已不再是那個二〇一二年，當哥哥在綾羅人民遊園地開幕典禮上發言時，帶著靦腆微笑、輕率躍過花圃的年輕女孩；或者在她二〇一八年二月歷史性造訪首爾前夕，那位出席人民軍閱兵儀式、從柱子後偷看哥哥的幕後女性。

在向北韓創建者和她父親鞠躬行禮的短短幾秒內，北韓主體思想革命[1]的唯一繼承人金與正，似乎在召喚她先祖的靈魂、以求指引。**這是她對祖先效忠的表現，也是她的權力來源，更是有朝一日，她接任領導人時統治正當性的基礎。**

即使拜登政府一整年來，不斷呼籲無條件談判，北韓領導人卻一副意興闌珊、無動於衷的模樣。二〇二一年六月二十二日，金與正嘲笑美國國家安全顧問傑克・蘇利文（Jake Sullivan）不知自己的斤兩。更引用韓國諺語，酸他別做白日夢。

彼時的情況是，六月十八日時，金正恩對新的美國政府首次發表聲明，呼籲他的國家「已為對話和對抗做好萬全準備，尤其著重對抗，以利保護國家尊嚴和獨立發展的利益」。兩天後，蘇利文回應記者問題時，表示這是「有趣的訊號」。兩天後，金與正便發表簡短的聲明回應。

她不僅譏諷蘇利文的評論平淡無奇，這位驕縱的平壤公主還表示，美國與她國家談判的「期望」將讓美國「大失所望」。她直接且蠻橫的訊息，是「繼續做夢吧」。金與正的發言，或許同時對著華盛頓和首爾的領袖喊話。在可預見的未來內，北韓已決定背棄美國和南韓，加強其核武實力。

1 編按：朝鮮勞動黨的思想體系和理論基礎，由金日成所創立，又稱金日成主義。

二〇二一年八月一日，金與正又發表了另一份聲明，呼籲南韓取消與美國的年度夏季聯合軍演。自從金正恩首次與川普召開峰會以來，南韓一直堅持大幅縮減這些川普稱為「戰爭遊戲」的演習——到二〇二一年時，這些演習的規模已大不如前，幾乎已淪為電腦模擬軍演。但金與正仍不滿意。她怒斥：「我們從未討論過聯合軍演的規模或形式。」她警告南韓，**在「希望和絕望」之間做出明智的選擇**。

南韓照辦了。在七十二小時內，文在寅黨內的五十八名國會議員發起連署，呼籲取消軍事演習。青瓦臺則考慮到拜登政府對北韓的懷疑態度，而猶豫不決。但議員連署的人數，仍在一夕間爆增至七十多人。在過去一週內，七月二十七日、被金氏王朝稱為韓戰「勝利日」的這天，北韓恢復了金與正在二〇二〇年六月單方面中斷的軍民通訊管道，兩韓似乎又再次回到和解邊緣。執政黨的態度是，何必選在現在再次惹怒平壤？

在美國施壓下，文在寅政府終究在同年八月十日，百般不願的展開軍事演習。即便演習是電腦模擬，金與正也再次表達失望，還追加了附屬條件。她表示：「要讓朝鮮半島真正實現和平，美國必須撤回在南朝鮮部署的部隊和戰爭設備。」她以嚴厲父母譴責孩子的語氣，警告南韓，只要美軍留在南韓的一天，「都會導致朝鮮半島局勢惡化的根本原因，永遠不會消失」。為了向北韓人民強調，金與正就是北韓對南韓和美國政策的主導人，北韓黨報也完整刊登了她的聲明。

北韓飛彈不是挑釁，南韓軍演才是！

同年九月十一日，美國九一一恐怖攻擊的二十週年紀念日時，北韓恢復了導彈試驗，這是自三月二十五日、北韓向東海發射兩枚彈道導彈以來的第一次。隔天，平壤又發射了另一枚巡弋導彈。更多的導彈測試隨後展開。

九月十五日，北韓於中午左右發射了兩枚彈道導彈。數小時後，文在寅總統參加了預定的潛射彈道飛彈試驗。隨後解釋道：「我們今天的導彈試驗是按計畫進行的……並非針對北韓的試驗而來。但加強我們的導彈能力，能讓我們以更堅定的態度對抗北韓的挑釁行為。」這次發言中，**文在寅總統犯了一個錯——不僅一次，而是使用了兩次「挑釁」這個詞**。

不可避免的回擊隨之而來。當晚，金與正對「（文在寅）未經大腦思考的『挑釁』評論感到遺憾，這簡直像三流記者的發言，」她哀嘆道：「南朝鮮把自身行為描述為促進和平的正義使者，並把朝鮮描述為破壞和平的麻煩製造者。我們深感遺憾和不合邏輯。這點讓我們對南北朝鮮的未來感到擔憂。」

二〇二一年九月二十五日，也就是金與正三十四歲生日前夕，她發表了另一則聲明。要求南韓識相一點，不要將北韓的導彈測試描述為「挑釁」，因為這些測試是「因應朝鮮半島上軍事情勢和潛在軍事威脅的自衛行動」。她表示，**南韓的軍事演習才是「公然無視和挑戰朝鮮民主主義人民共和國的主權」**。

儘管聯合國安理會以九項決議，禁止北韓發展或測試任何彈道飛彈（這些決議甚至曾獲得中國和俄羅斯的支持）；反之，南韓和美國都沒有受到此類限制。但從此之後，直到文在寅於二〇二二年五月九日卸任前，所有南韓政府部門，都避免使用「挑釁」一詞來指稱北韓的導彈試驗。

二〇二一年九月二十八日，北韓舉行史上第一次高超音速導彈測試。高超音速導彈在攻擊目標時，通常以比彈道導彈飛行得更低，也更具機動性，因此更難追蹤和防禦，進而形成對南韓的新威脅。金正恩在當年一月勞動黨代表大會上，表示北韓將朝這個方向持續開發同類型武器。

二〇二一年十月十九日，北韓試射潛射彈道導彈，接著在隔年一月，一個月內就舉行了七次不同的導彈試驗，包括二〇一七年測試過三次的火星十四型中程彈道導彈。直到文在寅總統卸任時，北韓已經在該年不同的十五個日子試射過導彈了，其中包括四次洲際彈道飛彈和洲際彈道飛彈系統組件測試。**南韓政府不許任何人將**

此類測試稱為「挑釁」，南韓的官方回應，也從「關切」變成「深感遺憾」。

除了使出刻薄的言詞外，金與正又不費吹灰之力的贏下一場勝利。在迫使文在寅政府，將言論自由和跨境傳遞訊息定為犯罪後，**她還成功讓首爾自我審查對北韓導彈的評論**——即便此時此刻，北韓的核彈頭依然對準南韓也一樣。就算文在寅已在二〇二二年卸任下臺，同年五月十日換成政治素人兼檢察官尹錫悅上臺，但青瓦臺的當家是誰一點都不重要。金與正早已將多數南韓人操弄於股掌間，並臣服在她的心理操控下。

除了金正恩，沒人能阻止金與正的核彈

二〇二二年四月，**金與正對南韓祭出第一次核威脅**——雖然表面上，是針對即將卸任的文在寅，實際上卻是要給即將上任的尹錫悅下馬威。在競選期間，尹錫悅曾公開談論，若出現北韓對南方發動核攻擊的明顯徵兆時，南韓將先發制人、採取措施。

金與正則怒斥當時的南韓國防部長，為「不知自己斤兩的齷齪小人」，因為他曾提過，如果南韓偵測到北韓有攻擊跡象，南韓將可能對北韓導彈發射場發動先發

制人的打擊。她「以被國家賦予的權力」向南韓發出「鄭重警告」。並表示想知道南韓這個「衝突魔人」，怎麼有膽在擁有核武的國家面前，提到「先發制人」這四個字。

僅僅四十八小時後，她更加強威脅口氣，以免南韓忘記：「兩天前，我們鄭重警告過首爾，**如果南朝鮮軍隊敢侵犯我們一寸領土，他們將面臨有史以來、最難以想像的可怕災難**。」她也再次對南韓拋出核威脅，聲稱：「我們將被迫動用核子武器，而這將帶來天崩地裂、慘絕人寰的悲慘結果。」

而從未放過任何諷刺機會的她，本次聲明也以一句蔑笑作結，她恥笑南韓人「嚇得縮了起來」，並說：「我希望這種杞人憂天、心驚膽顫的症狀能被盡快根治。」《勞動新聞》發表了她的兩份聲明，再次傳達了，金與正是北韓發動核威脅的最高執行者這個事實——**只有她的哥哥擁有最終否決權**。

事實上，金正恩也想確保南韓有將這則訊息聽進去。該月下旬，在慶祝朝鮮人民軍成立九十週年的盛大夜間閱兵上，金正恩宣布：「如果有任何勢力試圖侵犯我國的根本利益，我們必須動用核武器，以進行意想不到的第二任務。」北韓核武器的第二任務，便如金與正的描述：若南韓使用傳統武器（南韓沒有核武器）「侵犯北方的任何一寸領土」，北韓都將以核彈伺候。

二〇二二年五月中旬，金正恩首次公開承認，自己的國家，包含首都在內，爆發了新冠肺炎疫情。他稱疫情肆虐的情況為「巨大動盪」，並宣布對病毒開戰。金正恩首次被拍到戴著口罩，有時甚至還戴了兩層。也許他覺得，即使自己天恩浩蕩，也必須折服於這隱形而致命的敵人。然而在短短三個月後，偉大的領導便宣布抗疫成功，病毒消失無蹤。

二〇二二年八月，金正恩在政治集會上慶祝抗疫成功的「輝煌勝利」時，他的妹妹發表了撼動人心的演說，內容既賺人熱淚、氣勢凌人，同時也充滿了對南韓的叫罵。這是北韓國家電視臺首次轉播她致詞。她用對哥哥滿懷愛意和敬仰的語氣，表示她的「國家和人民在最短的時間內，化解了空前健康危機，締造劃時代奇蹟」，這當然要歸功於哥哥「活力十足和明察秋毫的傑出領導」。

她的聲音略帶顫抖，透露在這項艱鉅的任務中，哥哥每天夜以繼日，最後積勞成疾。即便高燒不退，偉大的領導者仍堅持下去，拒絕躺在床上一秒鐘，並堅持即使到最後一刻，也要照顧百姓。

這位偉大領袖脆弱的一面，令人詫異又動容，觀眾不分男女老幼皆情緒潰堤，部分觀眾還因不捨和痛苦極力喘著氣，一邊拭去臉上的淚水。民眾驚駭的情緒，在偌大的禮堂中蔓延，因為**皇室家庭成員的健康，更不用說如神一般的最高領導人的**

健康，向來都是保密到家的最高機密。

在那座禮堂中，沒有其他人能提及此事，無論是關心問候，還是以任何其他方式都不可能。只有作為金正恩二把手的金與正，能以如此感人肺腑的方式提起領導人的健康，同時為這位勤政愛民的領袖增添人性。

但是金與正還不止於此，她接著爆出更多料，怒稱新冠病毒是由南韓「垃圾」和「人渣」（指具脫北者身分的人權運動家）蓄意傳播到北韓的，這些爛人連「禽獸都不如」。

她告訴觀眾，這些充滿惡意病毒的首次出現，就是在「人權鬥士」送過來的氣球中，他們將遭新冠病毒汙染的「傳單、現金和骯髒冊子」放入氣球，發射至北韓。散布這類「傳單和骯髒垃圾」的人渣，都犯下了反人類罪行，金與正也發誓會對其發動「致命報復」。

她保證「如果敵人依然故我，繼續做出危險蠢事」、持續將病毒引入她的國家，**她不僅要消滅病毒，還要「消滅南朝鮮當局那些蠢蛋」**，這麼說的同時，觀眾爆發了熱烈的歡呼。

統一的必然命運，可不是糧食援助能動搖的

當月稍晚，為了讓「南朝鮮當局那些蠢蛋」更清楚她的立場，金與正公開抨擊了上任僅三個月的南韓總統尹錫悅，《勞動新聞》也再次全文刊登她的聲明。

三天前，這位新任南韓領導人在一次重要談話中，提出了去核化的「大膽倡議」——如果北韓停止發展核武，轉而進行「真正且實質的去核化進程」，尹錫悅表示，首爾不僅將提供大規模食物援助，還將全面改建北方基礎設施，從發電廠、港口、醫院、機場，一路到提升北韓的國際金融投資。但金與正對此的評論，是「天方夜譚」，尹錫悅最好「閉上臭嘴，少亂吠」。

金與正對南韓絲毫不留情面，她將尹錫悅提出、試圖讓北韓去核化的援助條件，稱為「令人作嘔」、「荒誕無稽」、「荒唐至極」，如同狗吠般毫無價值可言，像「想在蒼海中種植桑田」一樣不切實際。如同她對待他的前任文在寅一樣，她連戰連勝，且每次都不放過羞辱他的機會。

她嘲笑道，文在寅過去「假扮南北關係的主導者」，已經夠令人笑掉大牙了。但這位新總統不惶多讓，也同樣的「極端無知、愚昧、可悲、單純又幼稚」，令她看不順眼。「**誰會為了區區幾塊玉米餅，出賣自己的命運？**」她如此羞辱了尹錫悅

一番。在這次聲明的結尾，她還取笑南韓和美國，似乎搞錯了她國家前一天發射導彈的時間和地點。

金氏兄妹威震八方的氣焰——無論是實體核武，還是脣槍舌戰——都在該年末達到高潮。二〇二二年九月，金正恩頒布了《國家核武政策法》，其中制定了北韓發動核攻擊的條件，但這些條件表述方式都相當模糊，詮釋空間也很大，例如「在戰爭中占上風」和「逼不得已的狀態下使用」。

金正恩讓敵方清楚知道，**惹惱他的代價就是核彈來襲**，並強化北韓的核武將永久存在的訊息。同年十一月中旬，他與年幼的女兒一同跟國家最強大、射程可達一萬五千公里的火星十七型洲際飛彈留下合影後，更透露他所建造的核武將傳承給下一代。

而造就這戲劇性高潮的鋪陳，同樣高潮迭起。從九月底到十月初，金正恩對戰術核武行動部隊進行了前所未有、為期十五天的現場指導，期間他監督了七次可搭載核武的導彈發射試驗，根據國家新聞社描述，試射顯示，北韓有充分能力「在任何地點和任何時間，擊中並消滅指定目標」。

北韓在這一年創下發射七十多枚導彈的紀錄。該年十一月二日，北韓更創下單日二十五次導彈試射的里程碑，在此之前的最高紀錄，為同年六月的八次（或二〇〇六年的七次）。北韓在十二月三十一日時，更發射三枚彈道導彈慶祝一年的結束，並在二〇二三年元旦發射另一枚導彈。

金正恩沾沾自喜的表示，十二月三十一日的三枚導彈皆具備裝載核武的能力，而且可以打擊南韓境內任何地區。他誓言要急速增加核彈頭數量、發射軍事衛星進入太空，與進一步增強洲際彈道導彈。

如同過去的操作，**哥哥的每一步，都有妹妹隨時在側協助，扮演「超級黑臉」的角色**。二〇二二年十一月二十一日時，聯合國安理會召開會議，討論北韓洲際彈道導彈試射，公然違反多項安理會決議的問題。而在隨後的一份書面聲明中，金與正宣稱：

> 令人深感諷刺的是，聯合國安理會會議結束，美國因其邪惡意圖（通過懲罰北韓的決議）未能得逞而怒火中燒，並與英國、法國、澳洲、日本和南朝鮮當局等狗屁倒灶的國家，公開發表卑鄙無恥的聯合聲明，毫不掩飾其不悅之情。讓人想起因恐懼而吠叫不止的狗。

射不射飛彈，全看美方怎麼做

雖然北韓在二〇二二年，公然違反聯合國安理會對彈道導彈試驗的禁令，美國卻未能說服俄羅斯和中國簽署任何一項決議。俄羅斯總統普丁彼時正在俄烏戰爭[2]忙碌，進而導致由俄羅斯、中國對上南韓、華盛頓和日本，這種回歸冷戰[3]關係的國際角力，意味著**北韓能無限擴增核武而免於懲罰**。

數天後，金與正對南韓外交部使用「挑釁」一詞表示強烈反對，並咒罵尹錫悅為「蠢蛋」。她稱南韓為「忠實的走狗」和「美國的爪牙」，並警告「傲慢而愚蠢」的美國和南韓最好乖乖閉嘴，否則後果自負。

而她還將好戲留到了最後。二〇二二年十二月十九日，北韓國家新聞機構前一天宣布，成功將一枚間諜衛星送入太空軌道。新聞機構引用國家宇宙開發局的評估，稱其為「重要的成功里程碑，測試成功通過發射偵察衛星的最後一道門檻」，新聞機構還發布了從太空拍攝的首爾和仁川低畫質黑白照片。

韓國和其他地方的評論家，皆指出北韓衛星照低畫質的問題，卻引起金與正的不滿。隔天她發表了冗長的抨擊文章，再度重提狗的老套比喻（「南朝鮮傀儡的吠叫」、「實際上他們不是狗，卻一直吠個不停」），還加入新的鳥類類比（「一如既往，他們就像喋喋不休的麻雀」），還表達，她認為南韓評論家能力欠佳，擔憂他們很快就要捲鋪蓋走人。

此外，她還將南韓軍事專家稱為「軍事流氓」和「黑社會混混」，並且為了使文章更加辛辣，還加上如同以下的句子，而北韓國家新聞機構，完全沒有為此提供正確翻譯：「在他們的惡意批評傳到我耳中之前，我就能從他們聒噪不休的口裡，聞到那股沖天的臭氣[4]。」

她對南韓經常弄錯她國家的導彈型號和試驗場地不以為然，還恥笑南韓軍方「精確追蹤」的套路說詞。金與正還對南韓當局聲稱，她國家「洲際導彈進入大氣層的技術，未被認可和驗證」特別不悅。她推測這是南韓「自我安慰」的手段。

南韓還發現，北韓的洲際導彈是以高角度而非正常軌道發射，但如果他們認為

2 編按：二〇二二年二月二十四日，俄羅斯對烏克蘭發動「特別軍事行動」，即對烏克蘭的全面侵略戰爭，為繼二戰以來歐洲最大規模的戰爭之一。

3 編按：二戰後至一九九一年蘇聯解體為止，以美國為首的資本主義陣營，與以蘇聯為首的共產陣營間的政治對抗與軍事對峙。

4 編按：本段文句由作者自行譯自朝鮮文，並由譯者由英文譯為繁體中文。

這是因為戰略武器能力不足，那麼他們就大錯特錯了。金與正堅稱，如果北韓以正確角度發射，北韓的敵人將立即見識到這些導彈真正的能力。在發出嚴重警告的同時，為了減輕攻擊力道，她還譏笑南韓的導彈有效射程僅數十公尺。

因此，繼年初威脅以核彈炸毀南韓後，金與正在二〇二二年末之際，更威脅**將發射飛越太平洋的洲際彈道導彈，顯然劍指美國**。她明確表示，如果她「自律克己的哥哥」（至少書面上是如此形容）支持這一行動，她也不反對發動戰爭，殺害無數南韓人和美國人。

二〇二三年二月十八日，她更在北韓首次發射洲際彈道導彈後幾天，連續發表兩份聲明。她實在無法克制自己，唾罵南韓評論家是「智障」，因為他們對她國家的導彈技術分析「既令人倒胃又笨拙」。她在二月二十日的反擊聲明中警告：「**（北韓）將太平洋作為飛彈射擊場的頻繁與否，全取決於美方的行動**。」

這則警告，緊接著十八日的警告而來：「根據我被賦予的權力，我提出下列警告：我們將密切注意敵人動向，並對敵方滿懷惡意的一舉一動採取相應、強而有力和壓倒性的反擊措施[5]。」

隨後一個月，北韓警告的次數變本加厲。在三月七日的聲明中，她提醒她的頭號敵人，太平洋「並不受美國或日本支配」。美國如果敢試圖擊落飛越太平洋的北韓導彈，將被視為「明確的開戰宣示」。因此，她預告北韓將進行更多強大火力的武器測試，包括飛越太平洋的洲際彈道導彈，和一次核彈試爆——並依照北韓一貫的作風，為這些挑釁行為找到不同藉口。

在過去三年中，金與正一直擔任她國家的首席審查官、女性發言人、嘲弄者，和威脅、惡意的散布者。所有作為，都使金與正成為當今世上最呼風喚雨的領導人之一，國家的外交政策盡在她的掌握之中，而她與手握核按鈕的哥哥合作無間。不過同時，北韓也有傳言指出，她的威脅已不止於書面，而是能真的取人性命。

人們稱她為「惡魔女子」

二〇二一年，據說金與正已獲得獨裁者的終極權力：**扮演上帝的角色，決定人民生死**。有報導指出，她下令處死了幾名高官，只因為他們「惹她不悅」。她將她看不順眼的人及他們不幸的家人，放逐到拘留營和勞改營，讓他們面臨生不如死的

5 編按：本段文句由作者自行譯自朝鮮文，並由譯者由英文譯為繁體中文。

強迫勞動、毆打、折磨和飢寒交迫。關於她肅清眼中釘的傳聞不脛而走，北韓高官們在她面前，個個都屏氣攝息、兢兢業業。

每次金與正走近時，官員都避開視線、死死盯著地板。眾人都盡其所能避免得罪她，甚至贏得讚賞，因為受她青睞，可能將避免自己失寵，甚至是死亡的下場。她殘忍無道的行徑，使眾人在暗地裡開始稱她「嗜血惡魔」和「惡魔女子」。北韓民眾也開始稱她為慈禧太后，也就是曾領導大清帝國近半世紀、心狠手辣的實質統治者。

然而，**金與正擔任的職務並非國家元首，甚至不是名義君主，或內閣大臣**。自二〇二〇年以來，她在政府中的正式職位都是朝鮮勞動黨中央委員會副部長，該職務在政府層級中，大約排在前四十名。然而除了哥哥之外，所有名義上更上層的官員，都對她畢恭畢敬、望而生畏。

在這個家族壟斷的絕對君主制國家中，君王享有拔擢、貶謫、復職和譴責任何人的特權。君王不可動搖的權力駕凌所有人之上，包括父母、手足、姻親、表兄弟姐妹、侄兒侄女、叔伯姑姨也不例外。

在這樣的環境中六親不認、激起無數腥風血雨才是金氏王朝的招牌風格。金氏王朝三代領導人，皆手下亡魂無數，無論兄弟、叔伯、長輩、幼童都可能是受害者，甚至還出現過種族滅絕的悲劇。

在北韓這樣由男性主導的傳統獨裁模式中，女性領導能出頭、崛起成就大業，本身就是一反常態的異事。然而金與正趁勢而起，掌管北韓對美國和南韓的政策，還讓年紀大了她不只兩輪的男性前輩，在她面前坐立難安。她在當代世界，可說是獨一無二的存在。

隨著權力日益增長，她心狠手辣的事蹟也不脛而走，大眾透過「壞女人」的形象來檢視她：一名女性逐漸成為傳統上「非女人」的角色，篡奪男性的位置。然而如同她和哥哥二〇一八年的作為，當她決定展現和藹可親、展開雙手擁抱世界的一面時，許多人又會天真的掉入她迷人的陷阱裡，只因為她是魅力十足的年輕女性。

風雨過後的新提議，將遠比以往更令人心動，正如南韓政府總是低估過往北韓暴君的邪惡企圖一般，往後他們也只會高估這位白頭山女暴君的虛偽善意。

只要金正恩允許，金與正將在未來數十年內，繼續行使這種獨特的權力，並位居二把手的高位。而如果她已故的祖父、父親保佑，**她甚至可能成為北韓史上第一位女性最高領導人**。

致謝

謹將本書獻給約翰・柯蒂斯・佩里（John Curtis Perry），他是我在塔夫茲大學弗萊徹法律與外交學院（Fletcher School of Law and Diplomacy, Tufts University）的老師和論文指導教授，更是我畢生的榜樣。

佩里教授是位鼓舞人心的老師、嚴格要求的教授，和極具天賦的演說家，在弗萊徹學院任教的三十五年間，他深深感動了許多人。在過去三十年的人生裡，能結交這樣的良師益友，我感到非常榮幸。約翰，如果沒有你，這本書就不會誕生。

我也感謝支持我的研究助理，以及我在弗萊徹學院的優秀學生：劉東和、吉娜・史坦德（Gina Standard）、曹議文、李泰熙、金敏善、崔天臨、林漢城。

另外特別感謝我的經紀人芭芭拉・齊特沃（Barbara J. Zitwer），她曾為許多韓國作家代理作品，並為韓國文學的全球化做了巨大貢獻，其中許多作家的小說英文譯本都成了暢銷書，例如韓江的《素食者》（*The Vegetarian*，亞洲首都榮獲國際曼布克獎作品）。芭芭拉給了我機會，並鼓勵我完成這本書，同時在整個過程中，以精準的建議，和令人愉快的心情引導我寫作。

我也對英格麗德（Ingrid）的明智建議，和對細節的敏銳關注致上謝意，也感謝你為我與說故事大師葛拉漢（Graham）牽線。我也要感謝瑞貝卡（Rebecca）和弗雷澤（Fraser），他們仔細閱讀了手稿，並提供了不起的建議。

從最初的記憶以來，我的父母就一直是我的指路明燈——當我還是個小男孩時，他們剛搬到倫敦，並為學習英語付出了巨大的努力。若沒有他們無限的愛，沒有我親愛的姊姊的熱情支持，完成本書的路將會更加漫長與曲折。

最後，感謝我的兒子拉塞爾（Russell），長時間忍受他老爸一語不發、一動不動的坐在螢幕前的日子。他總讓我感到謙卑，偶爾我也受他啟發。在他六歲時，他看著一幅金正恩面容憔悴、四面環牆的漫畫，問道：「爸爸，金正恩被關起來了嗎？這是不是代表我們可以去北韓了？那裡的人是不是不再挨餓了？」

「不，兒子。」我回答：**「但我總會祈禱，有一天北韓人民能不再挨餓，以及最終能獲得真正的自由。」**

▲本書參考資料，請掃描 QR Code。

國家圖書館出版品預行編目（CIP）資料

朝鮮一姊金與正：北韓領導人金正恩妹妹，史上首握核彈按鈕女子的掌權之路，王朝如何「培養」接班人。／李晟允著；王菱云譯 . -- 初版 . -- 臺北市：大是文化有限公司，2024.5
304 面；14.8×21 公分 . --（TELL；61）
譯自：The Sister: The extraordinary story of Kim Yo Jong, the most powerful woman in North Korea
ISBN 978-626-7377-70-3（平裝）

1. CST：金與正　2. CST：金正恩　3. CST：傳記
4. CST：北韓

783.288　　112020814

061

朝鮮一姊金與正

北韓領導人金正恩妹妹，史上首握核彈按鈕女子的掌權之路，
王朝如何「培養」接班人。

作　　者／李晟允
譯　　者／王姿云
責任編輯／楊　皓
校對編輯／許珮怡
副 主 編／蕭麗娟
副總編輯／顏惠君
總 編 輯／吳依瑋
發 行 人／徐仲秋
會計助理／李秀娟
會　　計／許鳳雪
版權主任／劉宗德
版權經理／郝麗珍
行銷企劃／徐千晴
業務專員／馬絮盈、留婉茹
行銷、業務與網路書店總監／林裕安
總 經 理／陳絜吾

出 版 者／大是文化有限公司
臺北市 100 衡陽路 7 號 8 樓
編輯部電話：（02）23757911
購書相關諮詢請洽：（02）23757911 分機 122
24 小時讀者服務傳真：（02）23756999
讀者服務 E-mail：dscsms28@gmail.com
郵政劃撥帳號：19983366　戶名：大是文化有限公司

法律顧問／永然聯合法律事務所
香港發行／豐達出版發行有限公司 Rich Publishing & Distribution Ltd
地址：香港柴灣永泰道 70 號柴灣工業城第 2 期 1805 室
Unit 1805, Ph.2, Chai Wan Ind City, 70 Wing Tai Rd, Chai Wan, Hong Kong
電話：21726513　傳真：21724355
E-mail：cary@subseasy.com.hk

封面設計／林雯瑛　內頁排版／王信中
印　　刷／緯峰印刷股份有限公司

出版日期／ 2024 年 5 月　初版
定　　價／新臺幣 499 元（缺頁或裝訂錯誤的書，請寄回更換）
I S B N ／ 978-626-7377-70-3
電子書 ISBN ／ 9786267377680（PDF）
9786267377697（EPUB）

Printed in Taiwan